추억은
강물 따라 흐르고

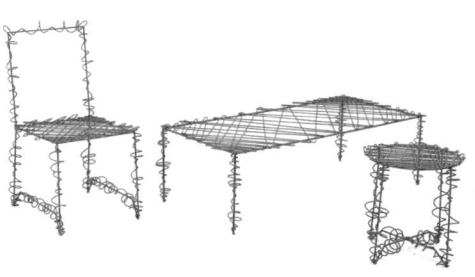

추억은 강물 따라 흐르고

夕麕 李順姬 詩集

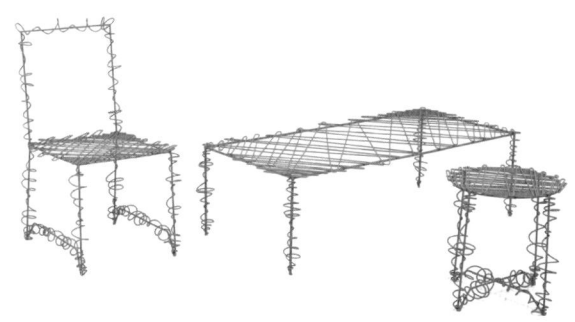

문경출판사

석향 이순희(夕馨 李順姬) 시인

夕麕 이순희(李順姬) 약력

- 시인·시낭송가 (호: 석향 夕麕)
- 충남 부여(석성면 현내1리 탑동) 출생
- 한국방송통신대학교 가정학과 졸업
- 2012년 한국시낭송가협회 주최 전국시낭송대회 수상
  (시낭송가인증서 취득)
- 2018년 ≪문예비전≫ 신인상 시 당선 등단
- 시집 : 『추억은 강물 따라 흐르고』

■ 현재 및 소속

- 부여시낭송회 부회장
- 정한모시인기념사업회 부회장 겸 편집주간
- 한국문인협회 회원
- 한국경기시인협회 회원
- 한국전통시낭송가협회 회원
- 충남문인협회 회원
- 충남시인협회 회원
- 국제펜한국본부 충남지역위원회 회원
- 충청남도시낭송가협회 회원
- 한국문인협회 부여지부 & 사비문학회 회원
- 부여시인협회 회원
- 부여문인총연합회 회원
- 부여시낭송가협회 회원
- 이 밖에 문인단체 다수 참여

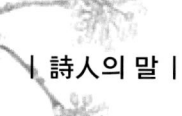

| 詩人의 말 |

첫 시집 『추억은 강물 따라 흐르고』를 내며

    내가 詩를 처음 접하게 된 것은 중학교 2학년 무렵, 金素月 시인님의 시집 『진달래꽃』을 읽다가 하얀 노트에 통째로 옮겨 써놓고 마치 시인이 된 것처럼 뿌듯했던 기억이 납니다.
    그 이후로 내 영혼에 파문을 일으켰던 한센병환자 韓何雲 시인님의 『나는 나는 죽어서 파랑새 되리』를 보며 천형(天刑)의 고통 속에서 인생의 덧없음과 허무, 끝없이 방랑하는 시인과 만나게 되었습니다.
    주어진 시간을 잘 활용하기 위해 오늘을 마지막 날인 것처럼 살았습니다.
    문학을 사랑하고 시를 좋아해서 시낭송을 즐겨왔고 시낭송가로서 국내외 名詩를 비롯하여 『성경』의 시가서(시편, 잠언, 전도서, 아가, 욥기)도 낭송해서 가까운 이웃들과 공유하고자 노력했습니다.
    사랑도 미움도 지워주는 세월이 고마웠습니다.
    2018년 3월 ≪문예비전≫誌를 통해 '詩人'이라는 칭호를 달게 되었을 때, 어린 시절부터 꿈꾸던 일이 이루어진 떨림과 기쁨은 말로 다 형언할 수 없었습니다.
    한없이 부족한 저에게 詩人의 길로 이끌어주신 林炳鎬 선생님께 존경과 감사를 표합니다.

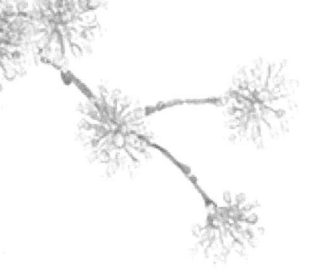

　어느 해 눈 내리는 겨울날, 귀인이 찾아왔습니다.
　꽃다지와 산수유꽃 핀 봄날에 시인이고 문학평론가고 시낭송가고 문학박사인 鄭眞石 선생님과 하나가 되어 내 유년의 고향인 부여로 돌아왔습니다.
　<詩人의 집> 넓은 금잔디마당과 꽃밭에는 150여 종의 다양하고 다채로운 꽃들이 피고 지기를 계속하고 있습니다.
　아침이면 뜨락으로 나가 꽃들과 인사하고 카메라에 담아 두는 즐거움으로 강아지 샛별이와 고양이 심바와 함께 나의 하루가 열립니다.
　봄부터 1년 내내 꽃과 나무 가꾸기에 몰입하는 시인님의 모습은 가히 성스럽습니다. 누가 나를 향한 시인님의 사랑과 정성을 꺾을 수 있을까요? '시를 쓰면 행복하고 시낭송을 하면 한결 더 행복하다'는 시인님은 밤이면 불을 밝혀 글을 쓰고 낮이면 꽃밭에 물을 주고 잡초를 뽑는 일로 하루를 보내곤 합니다.
　꽃보다 아름다운 시인님한테서 향긋한 풀꽃 냄새가 납니다.
　나의 첫 시집 『추억은 강물 따라 흐르고』<해설>을 자상하게 집필하시느라고 무척 애써준 나의 소중한 동반자 鄭眞石 시인님께 내 마음의 사랑꽃 들장미 한 송이를 건네고 싶습니다.

    내 마음 곁에서 눈동자처럼 늘 지켜보고 있는 아이들, 그리고 하늘나라 가신 부모님과 혈육으로 맺어진 형제자매들에게도 '사랑한다'는 말을 전하고 싶습니다.

    내 이름을 기억해주고 첫눈 내린 날의 설렘과 보람으로 시인의 길을 걷도록 응원해주며 잘 되기를 기도해준 가슴이 따뜻한 모든 분들께 나의 변함없는 사랑과 고마운 마음을 띄웁니다.

    지금까지 나의 모든 것을 아시고 인생의 참행복과 참사랑을 알게 해주신 하나님께 경배(敬拜) 드립니다.

        햇살 고운 가을날 아침, 百濟王都 扶餘 宮南池 언저리
              <龍山·夕霽 시인의 집> 뜨락에서

                      李順姬 씀

차례

* 시　　　인 : 석향(夕馨) 이순희(李順姬)
* 작품 해설 : 용산(龍山) 정진석(鄭眞石)
* 제호 글씨 : 들샘(野井) 이흥우(李興雨)
* 기획·편집 : 정학수(鄭鶴洙 / 시인)
* 표지·장정 : 이준현(李濬鉉 / 교수)

■ **詩人의 말**
　첫 시집『추억은 강물 따라 흐르고』를 내며 · 11

Ⅰ. 구문역에서

19 · 강변 카페에서
21 · 고구마를 먹으며
22 · 휘파람새의 절규絶叫
24 · 구문역에서
26 · 겨울 밤바다
27 · 주홍글씨
29 · 가을비 내리는 밤
31 · 아침 산책

Ⅱ. 빈집

35 · 고향
37 · 추억은 강물 따라 흐르고
39 · 고무신 한 짝
41 · 콩밭 매기
43 · 친정집
45 · 고향집 은행나무
47 · 빈집
48 · 우리 마을 삼층석탑

Ⅲ. 그리운 목소리

51 · 어머니 기억
53 · 그리운 목소리
54 · 아버지의 강
56 · 비가悲歌
57 · 커피 향 같은 친구
58 · 산골의 봄
60 · 저녁 강물처럼
62 · 시할머니
65 · 은총의 선물
67 · 성산 일출봉
68 · 가을 아침

Ⅳ. 피아노폭포

71 · 아차산峨嵯山 연가
72 · 수종사水鐘寺
74 · 비수구미 마을
75 · 성봉 가는 길
76 · 피아노폭포

차례

78 · 마이산馬耳山
80 · 궁남지 소묘素描

Ⅴ. 봄처녀
83 · 봄의 왈츠
84 · 봄처녀
85 · 목련
86 · 오월의 숲
88 · 오월의 아침
89 · 유월 향기
90 · 8월
91 · 분꽃
92 · 아라리촌

Ⅵ. 눈 오는 날
95 · 가을이 오는 소리
96 · 가을 서정抒情
97 · 가을날 오후
99 · 밤을 주우며
100 · 호박
102 · 감나무
103 · 귀뚜라미

104 · 눈 오는 날
106 · 눈 오는 저녁

Ⅶ. 가을 숲에서
109 · 여명黎明의 기도
111 · 4월
112 · 비의 손
113 · 비 내린 이튿날 아침
115 · 가을 숲에서
117 · 오산리기도원에서
118 · 가을의 기도
120 · 성탄절

Ⅷ. 여우를 묻고
123 · 회색빛 아침 풍경
125 · 선감도仙甘島
127 · 빨간달
128 · 여우를 묻고
130 · 길냥이 심바
131 · 호두를 보내며
133 · 밤마다 우는 개
134 · 샛별이랑 심바랑

차례

IX. 낡은 시집 한 권
- 139 · 금낭화
- 140 · 낡은 시집 한 권
- 141 · 시인의 사랑으로
- 143 · 시인의 뜨락에서
- 145 · 칼국수를 먹으며
- 147 · 행복한 시인 정진석鄭眞石
- 149 · 폐옥廢屋
- 151 · 첫눈
- 153 · 행복 찍기

X. 궁남지 봄날
- 159 · 궁남지 봄날
- 160 · 백마강에서
- 161 · 백마강의 밤
- 162 · 부소산 가을밤
- 163 · 금성산
- 165 · 백마강 억새밭에서
- 166 · 겨울 백마강
- 168 · 중정리 산밭에서
- 170 · 궁남지 겨울

XI. 시낭송가의 꿈
- 173 · 시낭송가의 꿈
- 175 · 시詩, 너와 친해지고 싶다
- 177 · 파초의 꿈
- 179 · 코스모스 꽃길
- 180 · 석양夕陽
- 181 · 빛과 어둠 사이
- 182 · 별을 보며
- 184 · 샛별

■ 작품해설
외로움과 서글픔 속에서
동구 밖 서낭당 뒤뜰에 피어난 작고 예쁜 금낭화 · 185

I. 구문역에서

강변 카페에서
고구마를 먹으며
휘파람새의 절규絶叫
구문역에서
겨울 밤바다
주홍글씨
가을비 내리는 밤
아침산책

강변 카페에서

슬픔이 선물처럼
내게로 왔다
가슴 속에 수심 안고
찾아간 강변 카페

멈추어버린 시간
산산이 부서진 꿈 조각들
아픈 상처 되어
허공으로 흩어졌다

무심히 흐르는 강물 위로
새들이 날고
섬마을 버드나무에
연초록 순한 바람 불었다

한 자락 바람에도
온몸을 부르르 떨던
유월의 강 파문
내 영혼 흔들 때

산 그림자
길게 누운 강가에서

식어가는 찻잔에 저미는 슬픔
뚝뚝 떨어졌다

고구마를 먹으며

깊어가는 겨울밤
잠도 오지 않고 뱃속은 꼬르륵
뒤껼 굴속에 저장해 둔
고구마 꺼내다가
온 식구 둘러앉아 깎아 먹었다
붉은 껍질 벗기면
하얗게 드러나는 속살
봄날 텃밭에서 자란 순 잘라
넓은 밭 흙구덩이에 묻어 두면
여름내 햇살과 바람과 빗물 받아먹고
쑥쑥 줄기 뻗어 내렸다
이슬 내리고 서리 다녀갈 즈음
호미로 땅속 파헤치면
붉은 노을에 얼굴 뽀얗게 씻고
사이좋게 튀어나오던
개구쟁이 고구마 형제들
한겨울 온 가족 빙둘러 앉아
맛있게 먹던 살진 고구마
지금은 혼자 꾸역꾸역 먹고 있다

휘파람새의 절규 絶叫

장맛비 그친 뒤
깊은 산속에 찾아든 어둠
사람들은 텐트 안에
밝은 달 하나 걸어 두었다

우르릉 쾅쾅
무겁게 내려앉은 먹구름
평화로운 숲에 물폭탄 퍼부었다

우듬지 사이로 떨어지는
청량한 빗방울 소리
젖은 풀숲에서 향긋한 풀냄새 났다

자정 지날 무렵
숲속의 적요 寂寥 가르며
휘파람새가 울었다

산천초목 잠든 고요한 밤
한 마리 새 울음소리에
잠잠했던 가슴 깊은 곳 상처
꿈틀거리기 시작했다

>
이승 떠난 영혼 새로 환생하여
그리운 사람 향하여 외치는
처절한 절규처럼 들렸다

깊은 밤 임 부르는
휘파람새 설움에 화답하듯
누군가 휘파람 불었다

구문역에서

양평 산골 외딴 마을
구문역 찾아가는 길
하염없이 궂은비 내렸다

방금 꽃잎 펼친 가로수 벚꽃들
추적추적 내리는 봄비 견디며
눈물꽃 그렁그렁 매달고 있었다

더욱 더 세차게 내리는 비
드라마 촬영지로 알려졌다는 역
마당은 빗물에 흠뻑 젖어 들고

오래 된 사진과 열차 시간 적힌 알림판
역사 안에 그대로 붙어 있어
닫힌 역의 지난날 재현해 주고 있었다

먼저 온 사람들 비 맞으며
길게 뻗은 철길 위에서
다양한 포즈로 사진 찍고 있었다

마스크에 모자 꾹 눌러 쓴
노란 우산 속 여자

비에 젖은 철길 따라
물안개 속으로 멀어져가고 있었다

빛바랜 나의 사진첩에
비 오는 날 풍경 담아 두고
탐스럽게 피어 그 언저리 밝히던
벚꽃의 하얀 눈물 씻어주고 싶었다

겨울 밤바다

푸른 하늘 이고
검푸른 물결 넘실대는
겨울바다에 갔다

거친 풍랑에 언덕마냥 일어서고
흰거품 물고 달려와 울부짖는 짐승
성난 몸부림 백사장 삼킨다

먹구름이 몰고 온 눈보라
한바탕 광란의 춤사위 펼치고
이내 돌같이 침묵하는 바다

천년고독 설움 안고
깜깜한 밤바다 밝히는 작은 등대 하나
해조음으로 낮게 흐느끼고 있다

잠 못 들고 뒤척이는 밤
여류시인이 들려주는
하모니카 연주에 평정되고

하늘을 이불 삼아
바다 베고 누워
스르륵 잠 들었다

주홍글씨

고요한 새벽녘
좋은 시 만나면
낭송하고 싶어
배경음악 찾는다
음악이 좋으면 낭송은
절반 성공
시에 잘 맞는 곡 골라
차분하게 녹음한다
기분에 따라
낭송의 성패 갈린다
수십 번 연습하다 보면
시에 그림 그려지고
시에 음악 흐르고
낭송의 꽃으로 피어난다
온 마음 다해
나만의 시낭송 작품 만들어
카페에 올리는 순간
저 악몽의 주홍빛 글씨
'저작권 위반 의심 곡'
와르르 무너지는 기대
어느새 어둠 가시고
둥실 아침 해 떠올랐다

온통 주홍빛으로 물든 새벽
텃밭으로 나가니
아침 이슬에 맑은 햇살
세상은 초록으로 넘실거렸다

가을비 내리는 밤

장맛비처럼 퍼붓는 밤비
눈 뜨니 사방은 캄캄한 어둠
번쩍번쩍 하늘 가르는 번갯불
지축 흔드는 요란한 천둥
내 마음 여는 두드림
비가 쏟아진다
지붕 때리며 세차게 내리는 빗소리
가만히 눈 감고 듣는 소리
내 안에 가득 찬 욕심 집착 교만
날 들여다보지 못했던 조급함과 안일함
건강 돌보지 않은 어리석음
가족 혈육 이웃 품지 못한 미안한 땡볕
형제들에게 소홀했던 무심한 달빛
친구들과 소원했던 희미한 별빛
부모님 헤아리지 못한 차가운 삭풍
겹겹이 쌓여가는 물결 앞에서
기도하지 않는 뜨뜻미지근한 신앙심
잠 못 이루고 보채는 밤
고집스런 날 내려놓게 하는 손짓
눈물 쏟게 다가온 하나님 음성
지나온 길 뒤돌아보게 하는 설교
밤새 내 마음 울린 가을비

여명에 점점 멀어져 가는 밤비소리
하늘 덮은 먹구름 걷히고
새날 새아침 밝아오고 있었다

아침 산책

밤새 내리던 비 그치고
눈 시린 파란 하늘
정원에 드리운
초록빛 아침 햇살

이팝나무 그늘 아래
조잘대는 새들의 노래
은빛 선율 타고
온 마을을 깨운다

하얗게 지샌 밤
아침 이슬에 세수하고
엄마 사랑 기다리는
노란 꽃 애기똥풀

삶의 터전으로 향하는
분주한 발걸음마다
푸르게 솟아나는 희망

먼 산 뻐꾸기 울면
바람에 실려 온 유년의 안부
텅 빈 뜨락
의자 되어 앉아 있다

詩는
사랑이다.

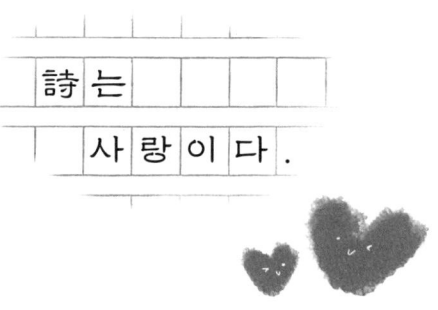

Ⅱ. 빈집

고향
추억은 강물 따라 흐르고
고무신 한 짝
콩밭 매기
친정집
고향집 은행나무
빈집
우리 마을 삼층석탑

고향

비 온 뒤 유년의 추억
무지개로 뜨는 탑골 가는 길

사비문 지나 진도고개 넘어서면
배꽃 하얀 속살거림에
산골 마을 환히 피어난다

동네 어귀 들어서면
마을의 수호신 천 년 삼층석탑
묵언수행 정적 흐르고

수백 수령 은행나무
마른 가지에 새잎 돋아나면
시원한 그늘로 땀 씻던
정겨운 이웃들

대문 앞 옹기종기 피어난
꽃다지 냉이꽃 민들레 제비꽃
졸음에 겨워 눈 비비고

허청에 가지런히 걸린 연장들
일제히 텃밭으로 향한다

＞
파란 대문 열고 들어서면
엄마의 환한 미소
수국 향기로 피어나고

먼지 쌓인 마루에 놓여 있는
대소쿠리 함지박 맷돌
마당귀에 엎어져 있는 절구
부뚜막에 걸린 가마솥

뒤란 지키는 장독대 항아리
추억 속 정물화로 그려져 있는 곳

온 마을에 저녁연기 피어오르면
들판 아이들 집으로 돌아오고

마루에 차려진 저녁 밥상에
옹기종기 모여 앉아 식사하면
앞논 개구리 목청 높여 불러주던
사랑의 세레나데

대숲에 놀러온 바람도
하룻밤 쉬어가던 그리운 나의 집

추억은 강물 따라 흐르고

내 나이 서너 살 때쯤
아버지 자전거에 실려 강 건너
할머니 댁에 간 일 있다

할머니 손에 이끌려 강 건널 때
구멍 숭숭 뚫린 가교假橋 아래로
찰랑찰랑 흐르던 강물
어린 새가슴 쿵쿵거렸다

마을이 한눈에 내려다보이는 큰 집에
할머니와 할아버지가 살고 계셨다
마당귀 한쪽에 깊은 우물 있고
줄에 매달린 두레박으로 물 퍼 올렸다

땡볕 쨍쨍한 여름날, 개구쟁이 꼬마들
한꺼번에 몰려왔다 돌아가면
텅 빈 집안은 절간처럼 조용했다

할머니 따라 목화밭에 가면
낮은 바람에 실려 온 은은한 꽃향기
하얀 꽃물결 넘실대던 밭고랑에서
다래 따 입에 물면 단맛 났다

> 꽃구름 피어나는 파란 하늘
엄마가 보고 싶은 날이면
마을 앞 가로질러 흐르던 강물 위에
내 마음 띄워 보냈다

무더위 한풀 꺾일 무렵
강 건너편으로 마중 나오신 아버지
자전거 타고 덜컹거리는 신작로 따라
정든 나의 집으로 돌아왔다

등잔불 아래에서 잠들고
별을 세며 하늘 꿈꾸던 시절
부모님 곁 떠나 낯선 곳에서 보낸
나의 첫나들이였다

고무신 한 짝

해마다 여름 오면
세차게 쏟아지던 장맛비
점점 차오르는 냇물에
어린 가슴 조마조마했다

비 그치고 해님 얼굴 내밀면
아낙들 평평한 돌 위에
빨랫감 펼쳐놓고 방망이질했다

밖으로 몰려나온 아이들과
미꾸라지 붕어 송사리 잡으며
신나게 어울려 놀던 소녀는

거센 물살에 놓쳐버린 고무신 한 짝
그걸 잡으려 허우적대다가
냇둑에 주저앉아 펑펑 울었다

엄마 몰래 마루 밑에 던져놓은
검정고무신 한 짝
까마득히 잊고 살아왔다

한 마리 파랑새 되어

행복 찾아 날아갔던 소녀는
초로의 여인 되어
고향집에 다시 돌아와 보니

숨겨 두었던 고무신 한 짝
흔적도 없이 사라지고
먼지만 켜켜이 쌓여 있었다

콩밭 매기

중학교 다니던 시절
바쁜 농사철 일손 부족했던
늦은 봄날이었다

땅거미 질 무렵
학교에서 늦게 귀가한 나에게
엄마는 꾸중하셨다

기분 상한 나는
책가방 마루에 던져 놓은 채
호미 챙겨 집을 나섰다

냇둑 은행나무 묵묵히 바라보고
우물가 향나무 손 뻗어 토닥여 주었다

회관 지나 언덕에 오르니
효자문 앞에 드리운 음산한 기운
누군가 뒤에서 발목 잡을 것만 같아
빠른 걸음으로 콩밭에 갔다

사방은 달빛 내려 고요한데
어린 콩잎들 사부작사부작

잔잔한 바람에 흔들리고 있었다

한참 정신없이 풀 매다가
문득 바라본 빙그레 웃고 있는 달님
어여 돌아가라 등 떠밀었다

가까운 야산엔 소쩍새 구슬피 울고
잠든 영혼들 자리에서 일어나
조용히 마을로 내려오고 있었다

단숨에 달려 집으로 돌아오니
식구들은 모두 잠들고
먼저 온 둥근달 대추나무에 걸려
살가운 미소로 반겨 주었다

친정집

두 아이 여섯 살, 세 살 되던 해
친정집으로 여름휴가 갔다
시골집에는 홀로 되신 엄마가
마당귀에 꽃밭 가꾸며 살고 계셨다
비는 하루에도 몇 번씩
그쳤다 내리기를 반복했다
한바탕 쏟아지던 비 그치고
구름 속에 숨어 있던 해님 얼굴 내밀었다
갑자기 내린 소낙비에 움츠리고 있던
봉숭아 채송화 수국 백일홍
빗물 털어내고 있었다
넓은 마당에서 신나게 뛰놀던 아이들은
돌부리에 채여 넘어지고
무릎 깨져 울기도 했다
밤이면 벌레에 물리지 않도록 불 지피고
안방에 모기장 걸어 놓았다
총총히 뜬 별들 보며
함께 놀던 친구들 얼굴 떠올렸다
그리움이 해일처럼 밀려왔다
곤한 잠에 빠져든 아이들
뒤척이다가 모기에게 수혈하고도
아침이면 아무렇지도 않게 마을 휘젓고 다녔다

작은 꿈 함박꽃마냥 피어나던 시절
동심 지닌 아이들은 해님같이 눈부시게 성장했다
내 유년의 고향집에서 아이들과 보낸
그해 여름은 참 행복했었다

고향집 은행나무

유년의 시골집 앞 냇둑에 서 있는
수백 년 된 은행나무 한 그루
봄이 오면 초록빛 새잎 돋아나고
한여름이면 큰 그늘 되어
마을 사람들 쉼터 되어 주었다
잘 익어 떨어진 은행알은
동네 꼬마들 새벽잠 설치게 했고
아궁이에 구우면 맛있는 간식 되었다
깊은 가을이면 노오란 은행잎
길 위에 정처 없이 떠돌고
고운 잎 책갈피에 숨겨 놓고
공부가 지루한 날 살며시 열어보며
흐뭇한 미소 짓던 소녀 때 추억
아련한 그리움으로 맴돈다
갖은 풍파 견디며 반듯하게 잘 자라
풍성한 열매로 주인 섬기던 착한 나무
언제부터인가 신음소리 내며 울고 있었다
누군가 쇠톱으로 상처 내놓고
밑둥에 불 질러 까맣게 태운 흔적 남겼다
마을의 역사 품고 있을 은행나무
지각없는 이웃으로 쓰러질 위기에 처하자
동네 사람들 파출소에 도움 청했다

'접근금지' 표시되고 쇠톱날 상처에는
하얀 붕대가 감겼다
우리 마을 수호신 은행나무 한 그루
지금 된통 몸살 앓고 있다

빈집

파란 대문 열고 들어서면
살짝 무너져 내린 고향집 흙벽 나무청
검은고양이 한 마리 제 집인 양
들락날락하는 빈집
떨어져 나갈 듯 닳고 낡아
간신히 몸 기대고 서 있는 부엌문
갈라지고 삭아져 아슬아슬하다
부뚜막에 나란히 걸린 가마솥 두 개
솥뚜껑에 앉은 뿌연 먼지
녹슨 채 세월의 무게 견디고 있다
눈물 콧물 흘리며 불 지피던 아궁이
메케한 연기 들이마시며
밥 짓던 소녀 적 기억 속에
노랗게 익어가던 고구마, 은행, 알밤
내 허기 채워주던 아주 특별한 간식이었지
수십 년 방치된 구멍 뚫린 화로
형체조차 잃어가고
무성하게 자란 칡넝쿨 뻗어 내려와
엄마의 장독대 휘감고 있다

우리 마을 삼층석탑

논산 가는 국도 사비문 지나기 전
오른쪽 길로 내려가면 석성 가는 표지판
저수지 있는 청룡 지나
충남 부여군 석성면 금백로 369-18번지
탑동 입구 들어서면
충남 유형문화재 제22호 삼층석탑
고려시대 빚은 3m 아담한 탑
마을의 수문장으로 버텨온 오랜 나날들
비바람에 슬어진 몸
주저앉고 뒤틀려 떨어져 나간 돌조각
그 옆 잡초 우거진 귀퉁이에
석공이 버리고 간 돌부처
인적 끊긴 빈 터에 누워 아무 말 없이
번뇌의 무게 온몸으로 참고 있다
어린 시절 석탑 언저리서 나물 캐거나
갑석 기단 걸터앉아 시장 간 엄마 기다리곤 했다
새들 쉼터 탑 주변은
마을의 평화와 풍요 가족들 건강과 행복
비는 아낙들 촛불 타오르던 기도처
이른 아침 그곳에 가보면
과일과 음식 어지럽게 널려 있었다
지금도 탑 둘레 서성이면
그때 그 꼬마들 웃음소리 들려온다

Ⅲ. 그리운 목소리

어머니 기억
그리운 목소리
아버지의 강
비가悲歌
커피 향 같은 친구
산골의 봄
저녁 강물처럼
시할머니
은총의 선물
성산 일출봉
가을 아침

어머니 기억

서늘한 바람에 은행잎 떨어지고
들판 곡식 토광에 쌓일 무렵
초등학교 소녀였던 나는
학교도 못 가고 아랫목에 누워
심한 감기 몸살 앓았다

대숲에서 들려오던 바람소리
뒤꼍 짚더미서 족제비 뛰어놀고
새들의 소곤거리는 소리
천상의 자장가였다

꿈밭 헤매다가 눈뜨니
새소리 바람소리뿐
사방은 한없이 조용했다

문풍지 뚫고 들어온 한 줄기 햇살
엄마가 궁금해진 나는
문틈으로 밖을 내다보았다

마당귀 대추나무 아래
광목 흰 앞치마 두른 엄마가
텃밭서 캐온 무와 배추 다듬고 계셨다

>
그때 내가 본 엄마의 모습은
내 기억 속에서 가장 젊고
아름다운 여인으로 남아 있다

내 마음의 뜨락에
한 송이 어여쁜 백합꽃으로 피어
50여 년 지난 오늘도 고향집 마당에서
하얀 미소로 웃고 계신 어머니

그리운 목소리

철없던 어린 시절 땅거미질 때까지
뒷동산 묘마당에서 동네 아이들과 놀았다

집집이 굴뚝 연기 피어오르면
집 앞 냇둑에 서서 동네 떠나가도록
내 이름 부르시던 어머니

그때마다 놀이에 푹 빠져
"네. 알았어요."
대답만 하고 어머니 애타게 했는데

이제 서산바라기 된 나는
아직 노는 재미에
집으로 돌아가지 못하고 있다

그래서일까 어머니는
내 이름 부르길 포기하신 듯 잠잠하시다
그 목소리 다시 듣고 싶다

아버지의 강

소년은 그곳에 있었다
담장마다 하양꽃 노랑꽃 빨강꽃 피고
연두색 싱싱한 옷 입은 나무들과
절묘한 조화 이루고 있는 향긋한 4월
황산대교 지나 충남 부여군 세도면 청포리
까막까치 목청 높여 우짖는 토정마을
야트막한 산 아래 대숲으로 둘러싸인 초가집
구릿빛 얼굴에 눈빛 총총한 소년은
다섯 살 적 어머니 여의고
홀로 된 아버지와 살고 있었다
일터로 나간 아빠 기다리다
지루하고 심심한 소년은
마을 휘돌아 흐르는 강가로 나가
조개와 게 잡으며 놀았다
휘어진 버드나무 제 멋에 겨워
살랑살랑 몸 흔들면
잔잔한 강물에 초록빛 파문 일고
너럭바위 누워 바라보던 석양
작은 가슴에 타오르던 검붉은 노을
땅거미 지고 밤이 찾아들면
진달래 한아름 손에 들고
사립문 열고 들어오는 아버지 보자

눈물 왈칵 쏟아졌다
아버지 팔베개에 얼굴 묻고
엄마가 불러주는 천상의 자장가 들으며
꿈나라로 빠져들었다
온 누리에 꽃 피고 새 우는 산뜻한 봄날
아버지 어머니 손 꼭 잡은 소년은
산 넘고 물 건너 논두렁 밭고랑 따라
해 뜨는 언덕 너머 무지개 뜨는 곳
푸른빛 속으로 사라져 갔다

비가悲歌

강 건너 작은 마을 그림 같은 하얀 집
몽글몽글 피어나는 안갯빛 그리움

고향집 냇둑에 서 있던 은행나무
찬비에 젖어 떨고 있는 노오란 은행잎

가지 말라고 가지 말라고 목 놓아 외쳐 불러도
꽃구름 타고 떠나간 오빠 그 저녁 돌아오지 않았다

문풍지 흔들며 절규하는 하늘 숨죽여 울던 긴 긴 밤
밤 새도록 비가 내렸다 오빠는 말이 없고

이렇게 비 오는 밤이면
여린 내 가슴에 뜨거운 눈물의 강 흐른다

커피 향 같은 친구
― 강환희

쌀쌀한 가을 아침
추적추적 가을비 내린다
풀내음 번지는 시월 뜨락에
스산한 바람 불면
문득 떠오르는 얼굴
커피 향 그윽한 카페에서
향긋한 미소 마주하며
추억의 오솔길 걷고 싶은 친구
자리에 누우신 친정어머니
지극 정성으로 보살피던 효녀
가슴 포근한 두 딸 엄마
소중한 남편에겐 애교 만점
손주들 돌보며 행복하다 웃음 짓는
사랑 많은 할머니
코스모스 꽃잎에 매달린
해맑은 아침 이슬처럼
한낮의 햇살처럼
밤하늘 달님과 별님처럼
영원히 변치 않을 우리 우정
들녘 코스모스길 따라
끝없이 걷고 싶은 이 가을날
나는 너에게로 가고 싶다

산골의 봄
― 유은주

초여름으로 가는 늦은 봄날
구부러진 산길 따라
양떼구름 낮게 내려오고
산바람 시원하게 불어오는 오솔길에
보랏빛 향유꽃, 노오란 금계국
작고 예쁜 들꽃 피어
초록으로 물든 산하
아름답게 수놓아가고 있었다
텃밭에서 자란 상추 쑥갓 아욱으로
푸짐한 밥상 차려 맛있게 먹고
밤이 되자
목청 높여 짝 찾는 개구리들의 함성
가녀린 풀벌레 합창 어우러져
작은 무도회 열린 밤
귀담아 듣고 있는 숲속의 나무들
언덕에 핀 하얀 찔레꽃
살며시 엿듣고 있었다
달그림자 이불 삼아 덮고 누우면
밤하늘 뭇별 창가로 내려와
우리들 이야기 엿듣고 있었다
깊은 산골에 먼동 터오면
은빛 햇살에 술렁이는 잎새

산비둘기 구슬피 울고
앞산 뻐꾸기 정답게 화답하는
맑고 투명한 오월의 아침
동화 속 그림 같은 산장에서
다정한 친구와 함께 보낸
향기로운 날이었다

저녁 강물처럼
— 이옥경

초등학교 다니던 하굣길
혼자 가기엔 으스스했던 나지막한 진도고개
빠른 걸음으로 넘어가면
너와 나의 정든 고향
우리 동네 탑동이 그림처럼 펼쳐졌다
농촌 마을에서 태어나
높은 하늘과 흰구름
밤이면 찾아드는 달과 별 바라보며
작은 가슴에 큰꿈 키우던
순박한 시골소녀였던 우리는
비가 오거나 눈이 내려도
학교 가는 길 함께 걸어 다녔던
정다운 어깨동무였다
모범생으로 공부 잘하고
친구들 부러움 샀던 영원한 반장
단정한 교복 입고
초롱초롱 빛나던 눈망울로
온 세상 우리 것인 양
꿈처럼 행복했던 시절 있었지
아들딸 시집 장가 들이고
아름다운 황혼 꿈꾸는 친구야
먼 곳 살아도 늘 가까이 있는 듯

유유히 흐르는 저녁 강물처럼
오래오래 변치 않는 친구로 살자

시할머니

아파트 정원에 산딸나무 한 그루
곱게 물들던 그해 가을
거실 안 깊숙이 들어온 햇살
유난히 깊고 따스했다

한 지붕 아래서
아흔일곱 해 살다 가신 시할머니
부러진 은비녀 아쉬워하며
쪽진 긴 머리 짧게 잘라 달라셨다

가문의 부 이루시고
자녀들 성공 위해 평생 바치신
눈물겨운 삶 위로하며
긴 머리칼 정성껏 잘라 드렸다

속절없이 흐른 세월 앞에
늘어난 고운 주름살
단아한 소녀로 변신한 할머니
눈가에 맺힌 이슬 손등으로 닦으셨다

첫아들 낳고 몸조리할 때
미역국에 따순 밥 지어

어둠 채 가시기도 전 새벽
맛있는 밥상 차려 주시던 사랑

며느리 앞세우고
손부와 함께 사는 게 미안해
때마다 부엌일 도우시고
베개 밑 용돈 건네주시던 손길

할머니 입던 옷가지 양말
손수 빨아 챙기시며
깔끔하게 정리한 방안
솔솔 풍겨오던 할머니 냄새

은비녀로 긴 머리 쪽 지시고
종갓집 며느리로 장구한 세월
무던히 견뎌 오신 시할머니

진달래 개나리 흐드러진 봄날
훨훨 날아가신 할머니
굽은 허리 펴시고 파랑새 되어

산천 알록달록 꽃물 드는 4월이면

양지바른 무덤가 할미꽃 사랑
아련한 추억 속 단발머리 소녀였던
그분의 생애 자랑스럽다

은총의 선물
― 준현濬鉉이

〈88서울올림픽〉 열리던 그해 가을
집안의 정적 우렁차게 밀어내고
28년 만에 울려 퍼진 아가 울음소리

너는 하늘이 주신 은총의 선물이었다
가문의 귀한 장손으로
나의 첫아들로 태어난 준현아

밤새 뒤척이는 갓난아기와 씨름하다가
살짝 잠들면 할아버지 품에 안고
조용히 거실로 나가셔 어르고 달래면
울음 뚝 이내 해맑은 웃음소리

안방 할머니 자랑스러운 맏손자로
무럭무럭 잘도 자라더니
누워 계신 할머니 손가락으로 가리키며
'이게 할미야!' 하고 불렀을 때
어린 아이처럼 좋아하시던 시어머니

아침마다 할일 많은 엄마 생각해
노인정 가는 시간 미루시고 우유 먹이시던
인자하신 증조할아버지와 증조할머니
지금도 그 모습 선하게 떠오른다

>
문중 핏줄 이을 종손 아가의 탄생으로 .
한 집안에 4대가 함께 사는 가정
서울특별시에서 수여하는 모범가정상 받고
웃음꽃 활짝 피어나던 시절이었다

성산 일출봉
― 승현陞鉉이

작은아들 승현이 세 살 적
우리 가족은
비행기 타고 제주도에 갔다

성산 일출봉 오를 때
너무 어려서 떼어놓고 가려하자
초롱초롱한 눈망울 반짝이며
위풍당당한 목소리로

"난, 할 수 있어요!"

자신과의 약속 끝까지 지키고 싶어
힘든 내색 보이지 않고
씩씩하게 오르던 꼬마의 모습
새나라 건강한 어린이였다

바다 건너 탐라국 성산 일출봉은
세 살짜리 우리 작은아들 승현이에게
자신감과 책임감 심어준 봉우리
정말 고마운 큰산이었다

"그래, 승현아! 넌 뭐든지 잘할 수 있어."

가을 아침

이른 아침 창문 여니
뜨락에서 서성대던 바람
한꺼번에 몰려들었다
연일 퍼붓던 가을비 그치고
우리 마당에도 싸한 기운 스몄다
샛별이 울 밖으로 뛰쳐나가고
담장 위 심바 전선에 앉은 참새들
물끄러미 바라보고 있다
빗물에 고개 떨군 봉숭아 백일홍
빙그레 웃고 있는 꽃님이들
카메라 앞에 줄 세우고 인증샷
먹을거리 풍성한 텃밭에서
호박 오이 가지 고추 깻잎 고구마순 따서
푸짐한 밥상 차렸다
뒤란 노란빛으로 익어가는 감
입술 삐죽 벌리고 매달린 알밤 삼형제
쭉쭉 뻗어나가는 줄기만큼
땅속 고구마도 잘 크고 있을까
늦게 씨 뿌린 가을무 새순 돋아나고
포도나무가지 두 마리 까막까치
경쾌한 목소리로 노래하고
어스름 새벽부터 사색에 잠긴 시인
등불 환히 밝힌 채 시꿈밭 거닐고 있다

Ⅳ. 피아노폭포

아차산峨嵯山 연가
수종사水鐘寺
비수구미 마을
성봉 가는 길
피아노폭포
마이산馬耳山
궁남지 소묘素描

아차산峨嵯山 연가

저녁 무렵 아차산
붉게 타는 홍옥 물고 있었다

황홀하여 숲길 따라 오른 정상
생각에 잠긴 산 한강 굽어보고 있었다

아차산 능선 따라
한강 바라보았다

광나루 현란하게
불야성 이루고 있었다

하산길 아차산 봄 숨결
어제보다 향기로웠다

수종사水鐘寺

하늘소리 그리운 날
운길산 구부러진 산길 따라
중턱 기슭에 터 잡은 수종사 찾았다
낮은 바람에 흔들리는 갈참나무
조용히 잎 떨구고 있다
스님의 독경소리 들으며

가파른 돌계단 숨차게 올라
마침내 해탈문에 이르니
갖은 시름 외로움 떨쳐내고
가부좌 틀고 앉은 약사여래상
자애로운 눈빛으로
북한강 굽어보고 있다

바위틈서 뚝뚝 떨어지는 물소리
임금님 귀에 은은한 종소리로 울려
산자락에 창건했다는 절
성은 입은 오백 수령 은행나무
비바람 폭설 벼락에도 모질게 살아남아
산사 내력 조곤조곤 들려주고 있다

사찰 찻집 차향 깊은 맛에 취하고

한 폭 수묵화로 그려 놓은
양평 두물머리 절경에 취하고
삼정헌 뜨락에 앉으면
암굴 물방울 천둥소리 되어
오욕칠정五慾七情 깨우고 있다

비수구미 마을

가을이 오는 길목에서
손길 타지 않은
자연 속 오지마을에 갔다

산길 걷다 보면
계곡물 소리 닫힌 가슴 열고
살며시 스며들었다

따스한 햇볕 곱게 쏟아지면
가을 여인 닮은 구절초
나풀나풀 꽃잎 흔들어 반기고

길가에 핀 이 꽃 저 꽃 산꽃
보랏빛 향유꽃이랑 속삭이던 벌 한 마리
인기척에 놀라 쏜살같이 달아난다

크고 작은 나무들과 손잡으며
찾은 숲속 청정한 비수구미 마을
오색빛 순한 청솔바람 불었다

성봉 가는 길

십이폭포 지나 성봉 오르는 길
켜켜이 쌓인 낙엽 밟으며
숨차게 오른 정상
시원한 산바람에 땀 닦아내고
산길에 널린 도토리
바라만 보아도 배부르다
적막한 숲속
간간이 들려오는 새소리에
가랑잎 떨어지고
발소리조차 소음 될까
조심조심 옮기는 발걸음
넘어지고 미끄러져도
내리막길은 가볍다
골짜기 흐르는 물에 발 담그고
잠시 즐기는 명상 시간
내 가슴에 새 한 마리 살아
빈 마음으로 살라 한다
부질없는 욕심 다 내려놓고
산 그림자 길게 드리운 성치산
저무는 저녁 해
활활 타오르고 있었다

피아노폭포

피아노폭포에 가면
봄 햇살 따라
폭포가 피아노 친다, 아니
피아노가 폭포를 켠다

피아노폭포에 가면
피아노 소리에 벚꽃 피고
폭포 소리에 '펑'
목련꽃 터진다, 폭죽처럼

피아노폭포에 가면
피아노 머리에 이고
커피 마시고
피아노 속에 들어가 뒤 보고

피아노폭포에 가면
집 채 만큼 하얀
피아노화장실에 앉아
폭포가 쓴 시집을 읽는다

그곳에 가면
피아노폭포 소리에 얼룩 씻고

상처 털어낸 여자가
시 쓰는 정경 만날 수 있다

마이산馬耳山

12월 바람 차게 불었다
남으로 250여 리 길
말 두 귀 닮았다 해서 이름 붙여진
전북 진안고원 마이산에 갔다
산에 다가가기 전
잘 정돈된 주변 식당에서 늦은 점심 먹고
달콤한 커피도 마셨다
온 몸에 스며드는 따순 기운
길 끝나는 곳까지 오르니
하늘 찌를 듯 우뚝 솟은 마이산
신비로 휩싸인 거대한 바위산 앞에서
더 이상 가까이 갈 수 없기에
마이산 형상 닮은 세계 희귀가위 1500점
전시된 <가위박물관> 둘러보고 내려오는 길
두 귀 쫑긋 세우고
그 자리에 버티고 서있는 마이산 향해
손 흔들어 인사했다
마이산휴게소에 엷은 어둠 내리고
저녁바람 차갑게 불었다
두 개 봉우리로 갈라진 바위산
노을 흩으며 지는 해와 숨바꼭질하고 있었다
산처럼 넉넉한 사람과 두 손 꼭 잡고

추억의 사진 한 장 찍어 놓았다

궁남지 소묘素描

황포돛단배 한가로이 떠있는
궁남지 칠월의 연못가
따가운 햇살에 흐르는 땀방울
고무줄 자락마냥 축 늘어진 능수버들
한여름 무더위와 싸우며
연 줄기 키 크는 소리
연잎 자라는 소리
여린 꽃봉오리 터지는 소리
어스름 깃들자
목청 높여 울어대는
연지蓮池 속 개구리들 합창
검은 마스크로 가린 여자 지나가자
이내 울음 멈추는 개구리떼
잎새 뒤 숨어 조잘대는 이름 모를 새들
날갯짓으로 시원한 바람 부르고 있다
세상을 평정하리라
소리 높여 외치는 백제오천결사대출정상
종종걸음으로 먹이 쪼아대는
귀여운 참새 한 마리
한 줄기 달빛자락 내려와
칠월 궁남지에
조용히 펼쳐지고 있다

V. 봄처녀

봄의 왈츠
봄처녀
목련
오월의 숲
오월의 아침
유월 향기
8월
분꽃
아라리촌

봄의 왈츠

파란 하늘에 맑은 바람 불었다.
창 너머 햇살에 반짝이는
초록빛 이파리 날 오라 손짓한다

새장 안 갇혀 지내는
앵무새처럼 바둥대다가
율동공원에 갔다

거리마다 화사한 꽃은 지고
신록으로 물든 공원
제비꽃 홍매화 조팝꽃 피어
향내음 퍼뜨리고 있다

온 땅 점령한 꽃물결
흰나비 날아와 날갯짓하는
5월의 봄날, 지금
살아있는 모든 것들은 행복하다

봄처녀

앙상하게 메마른 겨울 끝자락에서
연둣빛 치마에 분홍빛 볼로 찾아온 소녀는
수줍은 바람 기다리는 눈치다

아직은 개나리 같은 얼굴
아지랑이 사이로 빼꼼 내밀더니
금세 두 뺨 진달래꽃이다

이곳저곳 인사할 틈도 없이
눈빛만 살포시 던져놓고
과수원 복사꽃 뒤로 쪼르르 숨더니

짙푸른 드레스에 빨간 립스틱 칠하고
졸지에 바짝 다가와
시집 간단다 이제 지도 처녀라나

목련

앙상한 바람 시샘하여
금방이라도 터질 양
아직은 두려운 가슴이다

시름으로 지친 그 긴 밤 참아내고
살포시 옷고름 풀고 있다
내일쯤은 열어젖힐 요량이다

그리움으로 칭칭 감아
고이 묻어둔 가슴
청상여인의 소복차림

기다림으로 꽁꽁 얼려
보고픔에 멍든 가슴
심장 터트린 핏빛

빛바랜 저고리 활짝 풀고
동네방네
소문이라도 낼 모양이다

오월의 숲

멀어져 가는 봄날
담장에 핀 연분홍 꽃길
꿈같은 하룻길 열린다

텃밭에서 자란 싱싱한 상추
삼겹살에 양념장 올려
맛있는 식사하고
따뜻한 커피 한 잔에
웃음꽃 피어나는 산골집

오솔길 따라가면
풀꽃 향기 번지는 숲속에
호랑나비 흰나비
나풀나풀 춤추며 날아간다

여울물 따라가면
연분홍 꽃그늘 아래 돌틈 사이로
오물조물 모여 있는 송사리 떼
찰랑찰랑 신나는 하루

시원한 바람에 실려 온
먼 산 뻐꾸기 소리

낮잠 든 숲속 주인공들
곤한 잠에서 깨어나 기지개 켠다

오월의 아침

아파트 길목마다
풀내음 번져가는
상큼한 오월의 아침
개울 건너 파란 지붕 위로
하얀 연기 피어오르고
맑은 물가에
싱싱하게 잘 자란 수초
길섶에 홀로 핀 노란 갓꽃
아침 햇살에 청초하다
새들 재잘대는 소리
경쾌한 노래 되어
푸른 하늘로 솟아오른다
옹기종기 모여 소곤대는 봄맞이꽃
꽃다지 냉이꽃
아기 손톱보다 작은 꽃잎 펼치고
저마다 고유한 향기로
계절의 여왕 오월
앞에 엎드려 경배하고 있다

유월 향기

정적 흐르는 정오
따가운 햇살 살갗 찌른다
바람결에 살랑대는 초록 이파리
쉬지 않고 쫑알대는 참새들
흔들리는 그네 앉아
유월의 향기 만끽한다
해바라기 그늘에
키 작은 양귀비꽃 상냥하게 웃고
하트형 사랑초 꽃밭 안에 곱게 핀 백일홍
명랑한 소녀들 수런수런 꽃자리
무성하게 뻗어가는 호박넝쿨
비좁은 틈 헤치며 줄기 뻗는다
종종걸음으로 다가온 작은 새들
샛별이 밥그릇 넘보고
하얀 나비 두 마리 꽃향기에 취해
나풀나풀 춤사위 펼치고
파리 날갯짓도 음악 되는 뜨락
살포시 불어오는 산바람
몽글몽글 번져가는 풀꽃 향

8월

짙은 안개 속에 갇힌 가탑리
창 넓은 거실에서 바라보는 뜰
만지면 톡 터질 것만 같은 봉숭아
청초한 미소로 반기는 백일홍
검버섯 핀 꽃잎 고대 지고
개미취 소녀의 연보랏빛 상큼한 미소
시들어가는 담장 위 능소화
소리 없이 떨어져 배회하고 있다
까만 씨앗 품고
겸손히 고개 숙인 해바라기
줄기차게 뻗어가는 고구마순
곱게 영글고 있는 감
알알이 맺혀 입맛 돋구는 포도송이
잔디 마당에 널어놓은 붉은 고추
쪼글쪼글 말라가고 있다
안개 속 뚫고 떠오른 태양
영롱한 빛으로 충만하다
새벽이슬 털며 눈 뜨는 꽃들 미소
울안의 꽃밭 카메라에 담는다
샛별이랑 심바랑 향기로운 꽃길 따라
8월의 정원 탐색하고 있다

분꽃

굵은 줄기에
사방으로 갈라진 가지
노란색 백색 분홍색 삼색으로
조용히 피고 지던 꽃
햇볕 잘 드는 꽃밭에서
비바람 호흡하며
곱게 자란 꽃나무
시샘하지 않고
내 방 창문 앞
작은 화단에 뿌려져
수줍게 피어난 꽃
메마르고 척박한 땅에서
묵묵히 견뎌온 시간
여린 꽃잎 보면
미안해지는 마음
비닐봉지 정성껏 담아
내년에는 기름진 자리에
뿌려 주리라 약속하며
바람 잘 드는
양지 바른 마루에
쓰담쓰담 펼쳐 놓았다

아라리촌

봄비 그친 후 해님 방긋
꽃구름 피어난 파란 하늘
능수버들마다 물오른 연초록 잎새
정선 땅 가로질러 유유히 흐르는 골지천
아우라지 뱃노래 맑은 물 조양강
붉은 해 서산에 기울고
인적 드문 정선시장 어둠 밀려와
옷깃 파고드는 꽃샘바람
복사꽃 살구꽃 벚꽃 라일락
봄바람에 설레는 진달래 개나리
연분홍 샛노란 꽃잎
봄옷으로 갈아입은 그 저녁
구름 뒤 숨바꼭질하는
먼 하늘가 초승달
파르르 떨고 있는 중년여인의 입술
병풍처럼 둘러친 비봉산 줄기
느릿느릿 춤사위 펼치는 봄꽃축제장
알록달록 꽃들의 어우러짐
아라리공원에 울려 퍼지는 정선아리랑
아라리 아라리 아라리요
오색빛 꽃내음 꽃바람 환상의 아라리촌
행복한 4월 봄날이었다

Ⅵ. 눈 오는 날

가을이 오는 소리
가을 서정抒情
가을날 오후
밤을 주으며
호박
감나무
귀뚜라미
눈 오는 날
눈 오는 저녁

가을이 오는 소리

대지 삼켜버릴 듯
뜨겁게 타오르던 지난여름
불어오는 바람에서
우크라이나 화염 냄새가 났다

마지막 열기 쏟아내며
체감 온도 40도 웃도는
도시의 한복판

화끈 달아오른 몸
화덕 속 피자처럼 익어갔다
메마른 대지 위에
한 줄기 단비 간절했다

열대야로 지샌 긴 밤
창 열고 엿듣는
가녀린 풀벌레 울음

도둑고양이인 양
창문 앞에 엎드린 초가을
시간을 재고 있다

가을 서정抒情

뒤란에 세 그루 감나무
홍시 떨어져 땅에 흩어지고
높은 가지에 매달려 있는 감
내 눈을 유혹하고 있다

사방에서 날아든 새들
차려 놓은 밥상에 둘러앉아
맛있는 감, 부리로 콕콕 쪼아대면
바스락대는 감잎 소리

마음껏 배부른 새
가지 끝에 앉아 짝 부르면
예쁜 날갯짓으로
다가가는 한 마리 새

창공으로 날아오른 새떼
세상을 음미하며
전선에 혼자 남은 까마귀
뜬금없이 꿍시렁대고 있다

가을날 오후

바람 한 점 없는 주말 오후
마당에 나와 그네 탄다
간간 귀뚜라미 울고
달리는 차량 소음
오후의 정적 흔든다
뜰팡에 누운 고양이 심바
평온한 낮잠 들고
등나무 아래 강아지 샛별이
물끄러미 먼 산 바라보고 있다
여름내 비바람과 맞서며
튼실하게 자란 과실과 채소
본연의 색깔로 물들어가고 있다
꽃밭 향기로 수놓던 꽃들은
제 철에 피었다가 지고
긴 여름날 폭염 견디며 피었던
백일홍 봉숭아 분꽃 맨드라미
단단한 씨앗 남긴 채
시들어가는 꽃들의 생애
아침에 널어놓은 빨래 바삭 마르고
잠시 휴식 취하고 있는 잎 넓은 파초
시원한 그늘로 열기 식혀주는
햇살 고운 가을날 오후

지붕 위 감 소리 없이 익어가고 있다

밤을 주우며

뒤란 야트막한 동산
밤나무 한 그루
여름 가고 가을 오니
가시 달린 밤송이로 무장하고
얼굴 드러낸 알밤 삼형제
무더위와 긴 장마에도
밤나무에 꽃 피고
잘 자라 둥글고 야문 열매 맺었다
바람에 실려 온 가을
밤나무 아래 머뭇거리면
단단한 갑옷으로 갈아입은 알밤
서너 개 떨어뜨려 주었다
마른 잎새에 서리 앉고
찬바람에 빈 가지 흔들리고 있다

호박

꽃 덤불 의지 삼아
길게 쭉 뻗은 호박넝쿨
잎새 뒤에 숨어 통통 살 오른
탐스러운 호박 한 덩이
무성한 잎사귀 따다 발견한
매끄럽게 잘생긴 애호박
내 몸에 흐르는 기분 좋은 도파민
잎새에 가려진 싱싱한 호박
그 자리에 두고 아침마다 다가가
카메라에 담았다
그냥 두면 썩거나 상하지 않을까
조심조심 따 가지고
볶고 지지고 무쳐 푸짐한 밥상 차렸다
어렸을 적 가마솥에 된장 풀어
호박잎과 함께 호박 장국 끓이거나
구수한 수제비 만들어 먹이던
엄마의 깊은 손맛 삼삼하게 그리운 계절
속살 눈처럼 뽀얀 애호박으로
호박부침 호박나물 만들고
연한 호박잎 익혀 쌈 싸 먹으면
밥 한 사발 뚝딱 빈 그릇 되었다
높고 푸른 청잣빛 하늘 아래

늦게 핀 호박꽃에 달린
자그마한 또 하나 애호박
바라만 보아도 넉넉한 가을

감나무

낮은 바람에 실려 온
가을 향기 품고
뒤꼍 동편에 서 있는
세 그루 감나무
떼 지어 호르르 몰려와
톡톡 자박자박 감 쪼아먹는
가탑로 120-5번지 새들의 낙원
온 동네 새들 모여
저녁 만찬 즐기며
저마다 부르는 경쾌한 노래
꼭대기 남은 홍시 서너 개
흐뭇이 바라보는 시인 향하여
고마워요 감사해요
상냥하게 인사하는 새들
석양이 그려 놓고 간 저녁놀 속으로
일제히 날아오르는 새떼
낙엽 뒹구는 소리 자장가 삼아
숲속 나무들 잠들고 있다

귀뚜라미

하얀 종이 위에 시 한 편 써 놓고
목소리 가다듬어 읊조리는 밤

정원에 달빛 환하고
꽃들은 곤한 잠에 빠져 들었다

마당 가득 채운 가녀린 풀벌레 울음
쓸쓸히 들려오는 고즈넉한 가을밤

귀뚜라미 한 마리 백지 위 앉아
귀똘 귀또르르 시 읽는다

눈 오는 날

눈발 그치고 언 땅에 쏟아지는
눈부신 아침 햇살

쉰 목소리로 눈 소식 전하는
까막까치들 분주한 하루

마른 꽃잎 살포시 덮고
눈꽃으로 피어난 겨울 뜨락

이팝나무 앙상한 가지마다
소복이 쌓인 함박눈

찬바람에 붉어진 꼬마들 두 볼
언 손 호호 불며
썰매 타는 하루 짧기만 하다

찰랑찰랑 맑은 물소리
얼음장 밑은 빙어들 놀이터

폭설에 놀란 오리들
긴급회의 중 사뭇 진지하다

〉
한 폭 수묵화로 그려진
눈 오는 날 정경
들판에 평화 깃들고 있다

눈 오는 저녁

어둠 뚫고 눈송이 날아든다
사뿐사뿐 공중으로 흩어지는 눈
바람이 일러주는 대로 날아가 앉는다
산책 나온 하얀 강아지
눈 속에 묻혀 보이지 않는다
돌다리 건너는 가족들 웃음소리
함박눈처럼 쏟아진다
마른 이팝나무 가지에도 피어난다
바람 일면 땅위 떨어져 산화될 눈꽃
겨울에도 꽃 핀다
꽃은 하도 부드러워 흔적도 없이 사라진다
얼어붙은 빙판 조심조심 가라고
가로등에 환한 불 켜진다
손등 붉다 못해 시퍼렇게 얼었다
하얀 솜이불 덮고 누운 들판 고요하다
얼음장 물가에서 놀던
겨울새들 다 어디로 갔는지
동네 꼬마참새들 떼 지어 날아오른다
희소식 물고 눈 속에 묻힌 들판으로

Ⅶ. 가을 숲에서

여명黎明의 기도
4월
비의 손
비 내린 이튿날 아침
가을 숲에서
오산리기도원에서
가을의 기도
성탄절

여명黎明의 기도

뜬눈으로 지새운 밤
안개 자욱한 새벽
조용히 집 나와
토성길 걸었다

밤 사이 내린 비로
흥건히 젖은 공원 나무들
어둠 씻어내고 있었다

모진 풍파 견뎌온 은행나무
받침목에 몸 기대어 신음하는데
모른 척 스쳐 지나가는 바람

내 삶 터전이자 아이들 고향
정든 땅 푸른 도시가
지금 이 순간 낯설게 다가와
내 눈 아프게 찌른다

토성길 내려오니
넓게 펼쳐진 잔디밭에
물빛 머금은 초롱꽃 향기
물안개로 피어난다

>
뿌연 안개 속에 밝아오는
눈물어린 여명
세상은 아무 일 없다는 듯
그저 평온하기만 했다

4월

텃밭 가는 길가
꽃망울 터트린 분홍빛 살구꽃 탐스럽게 피었다

냇둑 버드나무 가지마다 물오르고
총총히 박힌 꽃그늘 아래 모여드는 사람들

임 본 듯 여린 꽃잎 속으로 들어가
무아지경에 빠진 벌들 춤사위

벌들 콧바람 소리도
감미로운 노래되는 신명나는 봄날

꽃의 요람 속에서
황홀한 꿈꾸는 열일곱 소녀

봄의 한가운데 내가 살고 있음
놀라운 신의 은총 아닌가

바람에 나부끼는 꽃잎처럼
영원한 자유인으로 살고 싶다

비의 손

하염없이 쏟아지던 비
잠시 잦아들고
눅눅하게 익어가는 밤

창밖 빗소리 이어져
심연 타고 흐르다
가슴에 차오르는데

다시 시작하라는
새하루의 축복 찾아와
어깨 '툭' 치는 아침

앞만 보며 가자고
슬픔도 사치라고 일러 준
따스한 비의 손길 곱다

비 내린 이튿날 아침

밤새 내린 비에
푸르른 산천

흰 물살 일으키며
철철 흐르는 시냇물

하천 가로질러 날아가는
물새 한 마리

빗물에 젖은 풀잎 위에
투명한 물방울
아롱아롱 맺힌 초록별

빗물에 세수한 풀과 나무
경건한 자세로
봄의 향연에 동참하고 있다

빈 길섶 흐드러지게 핀 애기똥풀
장엄하게 흐르는 오케스트라
새들의 합창 하늘에 울려 퍼지고

하얀 구름 위에서

밝게 웃고 계신 하나님
온 세상 축복하고 계시다

가을 숲에서

가을 아침, 십자가가 굽어보는
언덕 위 교회 향해 올라갔다
마당귀 코스모스 여린 꽃잎 흔들며
눈인사로 반긴다
연기와 안개가 펼쳐놓은 수채화 한 폭
자동차 엔진소리 매달고
어디론가 바쁘게 끌려가고 있다
굳게 닫힌 성당 문
흔들리는 촛불 앞 성모 마리아는
누굴 위해 두 손 모아 기도하고 있을까
나지막한 동산 자드락길 들어서자
바람 한 점 없는 숲속 조용함
적막의 소리로 묵직하다
툭, 밤톨 구르는 소리에 화들짝
몸 움츠려졌다
하나님이 내려주신 만나인가
여기저기 널려 있는 밤, 밤, 밤
켜켜이 쌓인 낙엽에 채여
미끄러지면서 산길 산밤을 주웠다
가시면류관이 그럴까
찔리고 피 흘려도 아프지 않았다
문득 고개 들어보니

나뭇가지와 잎새 사이 성모상
날 향해 미소 짓고 있었다

오산리기도원에서

오산리기도원 대강당에
구름처럼 몰려 든 사람들
지은 죄 내려놓고 뜨거운 눈물로
가슴 치며 통곡하는 밤
지나온 60여 년 발자취 돌아보니
걸어온 길 하도 부끄러워
아직 꺼지지 않은 죄의 잔재
성령의 불길로 태우사
까만 재로 토해내려 합니다
시나브로 꺼져 가는 몸
내 영혼 낙엽으로 떠돌고 있을 때
지금보다 조금 더 맑은 영혼과
온전한 몸으로 회복되기 간구하며
천국이 내 안에 있어
하나님 뵈옵는 날 세마포 입고
기뻐 뛰며 춤추리다
오늘도 문 밖에 서서
날 기다려 주시는 예수님
나의 기도 들어 응답하시고
푸른 풀밭으로 인도하사
여호와의 집에서 영원히 살게 하소서

가을의 기도

지나온 날들 돌이켜
파란 종이 위 그려 놓은
무지갯빛 꿈 모아
한 편 시로
완성할 때 되었습니다

가을이 다 하기 전
부드러운 감성과 빛나는 언어로
가슴 뭉클한 시 짓고
천상의 목소리로 읊조리게 하소서

조용한 오솔길 걷게 하시고
높은 하늘 품게 하시며
맑은 눈빛으로
넓은 세상 바라보게 하소서

땅 위에 구르는 낙엽의 신음소리
찬서리 내린 들녘에서 곡식 추수하는
농부의 손길 위에 축복하소서

병들고 가난한 사람들 긍휼히 여기사
놀라운 치유의 기적 베풀어

영혼의 상처로 울고 있는 사람들에게
따뜻한 위로와 평안 주소서

살아가는 동안 당신 말씀 듣게 하시고
받은 은혜에 감사하며
겸허한 자세로 무릎 꿇게 하소서

성탄절

천사가 뿌려놓고 간 함박눈
화이트 크리스마스
말구유에 누우신 아기 예수님
하늘에서 들려오는 노래
잔디 마당에 지붕 위에 들판에
흰꽃 활짝 피었습니다
소복소복 쌓인 하얀 세상
카메라에 담아 사랑하는 이웃에게
성탄의 기쁜 소식 전합니다
앙상한 가지마다 살포시 내려앉은 꽃송이
새들 앉았다 날아가면
꽃잎 지듯 소리 없이 흩날립니다
감나무에 정답게 앉은 까치가족
담장 위 마른 꽃덤불 속 조잘대는
작은 새떼 성가대
청아한 축복의 노랫소리
처마 밑 고드름 녹아 언 땅 풀리고
하늘엔 영광 땅엔 평화
성탄의 아침 은총으로 피어난 눈꽃
메리 크리스마스

Ⅷ. 여우를 묻고

회색빛 아침 풍경
선감도仙甘島
빨간달
여우를 묻고
길냥이 심바
호두를 보내며
밤마다 우는 개
샛별이랑 심바랑

회색빛 아침 풍경

무겁게 내려앉은 하늘
운무에 가려진 앞산
꾸물대고 있는 회색빛 아침

한 사내가 길 끝에 퍼질러 앉아
짐승처럼 울부짖으며
소주를 물처럼 마시고 있다

취한 듯 몸을 가누지 못하고
길바닥에 쓰러져 울다가
일어나 다시 소주를 마신다

코로나에 마스크로 입 막고
마음까지 닫아 버린 무심한 세상에
무슨 사연에 저토록 슬피 우는가

울고 있는 남자 피해
딴 데 시선 두고 지나치거나
돌아가는 표정 없는 사람들

왜 울고 있는지 묻는 사람도
달래주는 사람도 없는

남루한 사내의 어깨 위에
눈물처럼 비가 내리고 있다

선감도仙甘島

경기도 안산시 단원구 선감동
대부도 옆 작은 섬
속세 떠난 사람
구름과 학 벗 삼아
맑은 물에 몸 씻었다는 선감도
여기 검은 구름 몰려왔다
가난한 나라 아이들이
땅거미 지도록 돌아오지 않는 아빠를
기다리며 거리 서성거리다
허리춤에 몽둥이 찬 순사
손에 잡혀 끌려간 서해 아름다운 작은 섬
부모도 있고 형제도 있는
십대 청소년들 부랑아로 몰려
섬에 갇힌 아이들은
염전 노역하며
배고파 쓰러져도
일과 끝나지 않았다
강제노동과 갖은 폭력 견디다 못해
목숨 건 탈출
그리운 가족과 자유 찾아
칠흑 어둠 틈 타
바달 헤엄쳐 벗어나도

검은 물살 넘지 못한 채
파도에 밀려 둥둥 떠다녔다
가마니에 둘둘 말린 채
땅속에 묻혀서야
더 이상 고통 잊었다
누가 선감도仙甘島라고 했는가
눈 뜨고는 차마 볼 수 없는
피눈물 아직 마르지 않은
고아 아닌 고아로 이루어진 섬
소년들의 슬픈 눈물인 양
하염없이 비가 내렸다

빨간달

얼어붙은 밤하늘
먹빛 구름 사이로 얼굴 내민 둥근 달

한 치 앞 분간할 수 없는 미세먼지 속 악몽
울그락 불그락 초점 잃은 눈빛

빛 잃은 산자락 동네
뿌연 이불 덮고 밤새 뒤척이고 있다

술에 취한 듯
어둠 헤집고 나온 새벽 비틀거리고

능선에 오른 아침 해
숨찬 가슴 부여잡고 피 토하고 있다

대기오염으로 시름시름 앓고 있는
초록별마저 제 빛 잃어가고 있다

여우를 묻고

단풍잎 소리 없이 지던 밤
여우 가는 길
소나무 가지 사이로
달빛 환했다

가녀린 몸에 파리한 얼굴
그렁그렁 맺힌 눈물
하고픈 말 눈빛으로 전했지만
알아듣지 못했다

여우 묻고 돌아오는 길
구름 속 달님 속울음 삼키고
묵묵히 지켜보던 나무들
잎새 흔들며 흐느꼈다

고즈녁한 장미정원에
여린 풀벌레소리
창공 사르는 가을밤
내 가슴 후비고 지나갔다

밤하늘에 무수히 뜬 별
빛 거두고

은행잎 지는 거리에
속절없이 찬비 내렸다

여우의 초롱초롱한 눈망울
내 마음 안에 있어
나중에 밀려온 슬픔이
먼저 온 큰 슬픔 덮어 주었다.

＊ '여우'는 예전에 기르던 강아지 이름

길냥이 심바

캄캄한 밤 식탁 밑에서
애절하게 우는 고양이 심바
그 울음 하도 애처로워
'심바야!'
낮은 목소리로 이름 부르면
가만가만 다가와 멀뚱멀뚱 바라보는
작은 짐승 한 마리
품에 안고 자장가 불러 주니
호기심 어린 눈빛
순하디 순한 어린양이다
지상의 별들 초롱초롱 떠서
어두운 세상 밝히는 밤
어느 골목 후미진 담벼락에서
밤이면 밤마다 울고 있을
또 한 마리 길냥이 생각한다

호두를 보내며

눈물 마를 날 없던
그 해 봄날
하얀 강아지 한 마리
내게로 왔다

반듯한 몸매에 검은 눈동자
앙증맞게 말아 올린 꼬리
목소리만 컸지 순한 얼굴에
뛰어놀기 좋아하는 철부지였다

개나리 진달래 산벚꽃 피면
햇살 온몸으로 받으며
가볍게 오르내리던 봄동산

아카시아 향기 번지는 하산길
목 적셔 주던 맑은 샘물
흥겹게 부르던 달콤한 콧노래

목줄 풀어주면
엉덩이 흔들면서 달려가다
해찰하는 날 기다려주던
다정한 강아지 호두

>
정든 땅 화도 떠나
인터체인지 빠져나갈 때
창문에 얼굴 내밀고
허공 향해 울부짖었다

속울음 삼키며
애틋한 손길로 보듬으면
아롱아롱 맺히던 슬픈 눈망울

낯선 땅 문경새재 산마을에 두고
무거운 발길 뒤돌아보니
바람으로 달려와
내 품에 안길 것만 같았다

눈 시린 청명한 하늘가
예쁜 꽃구름 두리둥실 떠도는
아름다운 봄날이었다

밤마다 우는 개

세상이 곤한 잠에 빠져든 밤
담장 너머 개 짖는 소리 애처롭다
이웃집 마당 소나무 아래
비슷한 또래 두 마리 개 살고 있었다
진종일 목줄에 묶여 하늘만 바라보다가
낯선 사람 지나가면 목청껏 짖어대곤 했다
어느 밤 목줄 풀린 개들
서로 눈빛 통해 덜컥 새끼 품게 되었다
기쁨도 잠시 격리 된 견우직녀처럼
도로 먼발치서 빤히 바라볼 뿐이었다
바람 한 점 없는 초저녁
다섯 마리 귀여운 새끼 낳았다
갓 태어난 새끼들 이리저리 몰려다니면
아빠 개는 큰소리로 불러 모았다
날이 갈수록 새끼는 하나 둘 사라지고
엄마 개마저 떠나버린 후
단둘만 남은 강아지와 아빠 개
그래도 낮엔 가만히 있다가
어둠이 내리면 밤마다
검푸른 하늘 향해 울부짖고 있다

샛별이랑 심바랑

살며시 현관문 여니
서늘한 바람 온몸 휘감고 돈다

마당에 햇살 내려앉고
방긋 웃고 있는 꽃들 향기
가을이 성큼 내게로 왔다

이틀 만에 돌아온 고양이
아무 일도 없었다는 듯
내 방 창문 앞에서 잠 들었다

밤새도록 파수꾼 노릇하다
두 발로 걷는 묘기 부리는 강아지 샛별
맘대로 놀다온 게 미안한지
곁에 다가와 몸 부비는 고양이 심바

밤새 집 지킨 게 고마워 샛별이 쓰다듬고
돌아온 게 기특해 심바 궁댕이 톡톡 해주고
사료 주고 물 주고 꽃 찍는 사이

심바가 샛별이 밥그릇에 입대도
넉넉하게 바라보는 샛별이

그러다가 함께 먹고 냄새도 확인한다

샛별이 집에 햇볕 깃들자
그 자리에 들어가 앉는 심바
화 난 샛별이 먹을 건 양보해도
자리까진 내줄 수 없다며
사나운 몸짓으로 마구 달려든다

오랫동안 주인 사랑 받은 심바
지가 터줏대감인 양 떡 버티고 앉아
자리만은 양보할 수 없다 샛별이 항의해도
못 들은 척 남의 집 차지하고 있다

만나면 서로 다투고 시샘해도
못 보면 궁금해 보고 싶은 샛별이와 심바
꽃속에 묻혀 애들이랑 더불어
꽃처럼 살고 싶은 우리는 시인부부

詩는
　　꽃이다.

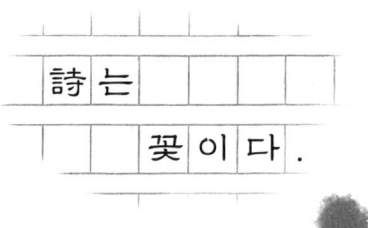

Ⅸ. 낡은 시집 한 권

금낭화
낡은 시집 한 권
시인의 사랑으로
시인의 뜨락에서
칼국수를 먹으며
행복한 시인 정진석鄭眞石
폐옥廢屋
첫눈
행복 찍기

금낭화

안개 속 아침을 뚫고
쌍계사 가는 길
냇가 건너편 화개장터
남루한 할머니 품에 안겨온
한 포기 들꽃 금낭화
오천 원에 사서
시인의 집 넓은 뜨락에
정성껏 심었더니
햇볕 쬐고 바람 쐬고 비 맞으며
먼저 온 꽃들과 어울려
예쁘게 피어난 아빠꽃 엄마꽃 아기꽃
주인 마음 헤아려
살짝 수줍음 타듯 방긋방긋 웃고 있다
휘어진 꽃대에 초롱초롱 매달린
곱디 고운 복주머니
'이순희금낭화'라 이름 불러주는
시인의 얼굴 주름살 가득 행복 묻어났다

낡은 시집 한 권

가난한 시인이 건네준
오래 된 시집 한 권
낡은 표지 속에 숨겨진
고달픈 삶의 여정

자서전 같은 시집 속엔
형형색색 다양한 슬픔의 알갱이들
구슬처럼 방울방울 매달려
옥 같은 시내로 흐릅니다

가슴으로 써 내려간 시린 언어들
묵묵히 걸어온 아픔의 시간
뜨거운 눈물방울 보석마냥 눈부셔
똑바로 쳐다볼 수 없습니다

누구의 슬픔이 더 크고 깊은지
키 재기 하는 밤
심장 터질 것만 같은 그대 슬픔이
더 아프고 진한 내 슬픔을 덮어 줍니다

두 개의 슬픔이 만나 하나가 되고
벅찬 기쁨으로 승화되어
뜨거운 가슴으로 포옹합니다

시인의 사랑으로

골목길 돌고 돌아 드디어
찾아낸 일식집
시인은 즐거운 비명 질렀다

초밥이 먹고 싶다던 나의 작은 소원
들어주기 위한 그의 수고는
언제나 놀라움과 신선한 감동 준다

요리사 솜씨로 정성껏 만든
초밥을 먹으며 날 향한
시인의 한없는 사랑 생각했다

새벽이면 꽃밭 거닐며
꽃향기에 취해 사진 찍고
시 짓고 읊조리며
먼동 트는 아침 맞이한다

식탁 앞에서 드리는 기도
함께할 수 있음에 감사하고
해 저무는 백마강 강변 거닐며
저녁놀 황홀경에 빠져든다

>
황혼부부 인연 소중히 여겨
모든 것 감싸주고 믿고 참아내며
하나님 주신 아름다운 세상서
영원히 변치 않는 사랑으로 살고 싶다

시인의 뜨락에서

봄부터 지금까지
마당 잔디와 꽃밭 가꾸는
그의 모습은 아름다운 꽃 천사

한여름 찌는 듯한 무더위에도
쉼 없이 계속되는 꽃 향한
변함없는 애정과 집념

날이면 날마다 꽃밭에 물주고
적당한 장소에 꽃모종하고
가슴으로 시 쓰는 사람

먼 곳 여행지에서
꽃집 발견하면 가던 길 멈추고
찾아가는 사람

여행지 재래시장에서
트렁크 가득 꽃모종 싣고
그답 집으로 돌아오는 사람

길 지나다가
고운 들꽃 보면

눈빛 빛나는 사람

꽃사랑 넘쳐나는
그 사람에게서 늘
싱그런 풀꽃 냄새가 난다

칼국수를 먹으며

밥보다 칼국수 더 좋아하는 나
당신은 즐기지 않으면서
하루가 멀다 하고
함께 칼국수집 찾는다
궁남지 주변 그집에 들어서면
잘 우려진 멸치국물에
부드러운 면발 담긴 칼국수
입맛 돋군다
깔끔하고 담백한 국물에
다대기로 간 맞추고
싱싱한 겉절이 얹어
얼큰한 칼국수 먹는다
국수는 퉁퉁 불어
보기에도 입맛 떨어지는데
핸드폰에 고부라져 시 쓰다가
후루룩 물 마시 듯 비우는 그대
당신 그늘 아래 있으면
나도 멸치국물만큼 맑고
칼국수보다 더 부드럽고 맛난
시 지을 수 있을까
돋보기 없이도 거뜬히
읽고 쓰는 73세 시인의 삶

영혼이 아름다운 당신은
시인이 되기 위해 태어난 사람
배고픔보다 시가 더 간절한 귀인
시 쓰면 행복하고
시 낭송하면 한결 더 행복한 사람과
칼국수 먹는다

행복한 시인 정진석鄭眞石

시인은 사람을 유난히 좋아한다
속정 많아 어려운 사람 보면
손잡아 주는 온정주의자다
시를 목숨처럼 사랑해서 40여 년
시와 함께 호흡하며 살아온
고집스런 글쟁이다
불의와 타협하지 않으며
도덕과 윤리 강조하는
영원한 교사요 스승이다
착한 사람에겐 다정한 친구지만
거짓과 위선으로 가득 찬 사람에겐
한없이 냉담하다
당신이 그은 길 따라 성실히 임하며
맡겨진 사명에 최선 다한다
마음밭 선하여 꽃 심고 가꾸는 일에
세월 아끼지 않는다
삼라만상 하는 말 귀담아 듣고 관찰하며
온 마음으로 정성껏 시 쓰는 문단의 어른이다
어두운 세상 밝히는 등불이다
언어의 칼날에 풀잎같이 스러지기도 하지만
금세 다시 일어나 어깨 펴고
앞으로 나가는 불사조다

세상 다 품고 싶어 수시로 여행 즐기며
순한 사람들과 만남
최고행복으로 여기는 야인野人이다
세상을 시와 버무리고 요리하는
뜻 깊고 넓은 시야 가진 천리안이다
지인들과 소통하며 잔정 나누기 기뻐하고
아이들 사랑하고 어른 섬기는
선량한 이웃아저씨다
37세 늙은 청년이라 외치며
오늘도 詩 속에 파묻혀 즐기는
한 마리 외로운 詩하이에나
담장 너머 길가 높다란 가로등 불빛
시인의 창 밝히고 있다

폐옥廢屋

허름한 담장 따라 좁은 길 오르면
빈집 마당에 무성히 자란 잡초
쓰레기장 방불케 하는 역겨운 냄새
여기저기 나뒹구는 살림살이
허물어질 듯 아슬아슬한 담벽에
굳게 잠긴 녹슨 철대문
내 고향 이웃동네
석성리 평천마을 <정한모생가>
바로 앞집 주인 떠난 지 한참 된 폐가
눈살 찌푸리게 하는 거대한 흉물
바라만 보아도 섬찟하다
예초기 예리한 칼날에 무참히 잘려나간
망초대 돼지감자밭 초토화되고
버려진 뜰팡에서
땀에 젖은 옷깃 추스르고 있다
한낮 땡볕에 숨 막히고
성난 모기들 사납게 달려드는 헌집에서
낡은 것 고치면 새보금자리 될까
차라리 허물고 새집 지으면 좋겠는
거기 <정한모시인기념사업회> 사무실 겸해
<정한모문학관건립추진위원회> 연락처 차린다고
물 한 모금 마실 수 없는 여건 속

황무지 개간하는 개척자마냥
수십 년간 비워둔 똥딴지 틈에서 땀 흘리고 있는
시인의 어깨 위에 솔바람 불었다

첫눈

회색빛 새벽 하늘
밤새 소복이 내린 함박눈
하늘나라 선녀가 내려와
텅빈 마당에 그려놓은
한 폭의 수묵화

저리 눈 쌓이려고
잠 못 들고 뒤척이던 긴 지난밤
등불 환히 밝힌 시인
밤새워 시 쓰고 있다

물 끓여 찬물 반 섞어 만든 중탕
님도 한 잔 나도 한 잔
정답게 나누어 마시면
온몸으로 흐르는 따뜻한 기운

창밖에 펼쳐진 하얀 세상
터져 나오는 외마디
"와, 눈이다!"
"여보, 눈이 왔어요."

첫눈 내린 뜨락에 피어난 눈꽃

얼어붙은 마른 가지마다
탐스럽게 피어난 눈꽃송이
차고도 맑은 향기가 난다

행복 찍기

찍기도 좋아하고
찍히는 건 더 좋아하는 나
핸드폰에 내장된 카메라로 찍는다
아침에 일어나면 맨 먼저
울안에 핀 꽃들과 인사한다
가까이에서 멀리에서
다양한 각도로 찍은 사진
나만의 카페에 담는다
어제 보았던 꽃 오늘 또 찍는다
철 따라 웃는 온갖 꽃들
피었다 지기 멈추지 않는다
이슬에 젖은 꽃밭에 들면
나도 한 송이 어여쁜 꽃이 된다
아침마다 청초하게 피어나는 나팔꽃
고운 햇살에 반짝이는 양귀비꽃
경계석 쪼르록 핀 채송화 과꽃 맨드라미
비 오면 그렁그렁 눈물 맺힌 봉숭아꽃
해님 향해 손짓하는 해바라기꽃
저물 무렵 수줍게 피어나는 분꽃
다양한 꽃들 일일이 카메라 들이대면
서로 다른 얼굴과 옷차림으로
활짝 웃는 꽃들의 향연

방긋 벙긋이 미소 짓는 귀여운 꽃들의 표정
한 철 피었다가 지는 꽃이기에
부지런히 담아두고 나만의 시화 만들거나
친한 이웃들과 공유하기도 한다
꽃바람 불어 좋은 날
달리는 차 안에서 창밖 내다보면
파노라마처럼 스쳐 지나는 멋진 풍경들
지나치지 못하고 카메라에 담는다
봄이면 연초록 새싹 움트고
온갖 꽃들이 꽃물결 출렁인다
신록으로 짙어가는 여름
거친 파도 넘실대는 바다
오곡백화 영글어가는 황금빛 들판
논길에 줄지어 서 있는 전봇대
전깃줄에 나란히 앉은 까마귀 떼
정겨운 산마을 찍다 보면
고향에 온 것처럼 설레는 가슴
서녘 하늘에 펼쳐진 저녁노을
신비로운 한 폭 그림처럼 황홀하다
조물주가 그려놓은 걸개대작
귀갓길 사람들 가슴에 평화가 깃든다
어둠 밝히는 가로등 불빛

휘황찬란한 백제대교 조명등
불 켜진 강 건너 교회당 꼭대기 십자가
저녁 강마을에 뜨는 지상의 별들
감나무 가지 끝에 매달린 홍시
먼 산 바라보는 외로운 새 한 마리
담장 위 모여 재잘대는 새들
안개 속에 묻힌 금성산
천사가 뿌려놓고 간 함박눈 나라
꽃구름 피어나는 청잣빛 하늘
밤하늘에 뜬 달과 별
티격태격 다투다
붙어 있는 강아지와 고양이
신께서 빚어놓은 참 아름다운 세상
지루하고 버거울 때 들여다보면
내 영혼 살찌게 하는 묘한 사진의 힘
살 떨릴 만큼 추운 12월 아침
창문 앞에 다가와 인사하는
심바와 샛별이 향해 하나, 둘, 찰칵!
나만의 행복한 하루 시작된다

詩는
눈물이고
정성이다.

X. 궁남지 봄날

궁남지 봄날
백마강에서
백마강의 밤
부소산 가을밤
금성산
백마강 억새밭에서
겨울 백마강
중정리 산밭에서
궁남지 겨울

궁남지 봄날

눈부신 햇살만큼이나
밝고 화사한 미소로 오신 님
선화공주 사랑한 서동
서동 흠모한 선화공주
나란히 걷는 궁남지 호숫가
휘휘 늘어진 버드나무
연초록 잎새 흔들어 맞이하고
물 위 곱게 피어난 수련睡蓮
그윽한 미소로 바라본다
알록달록 고운 자태로 서서
큰 박수로 반기는 영산홍 꽃길
텅 빈 연밭 차지한
물오리 백로 두루미 새들 날갯짓하며
하늘로 날아오른다
하얀 드레스에 꽃신 신고
꽃구름 타고 오신 선화공주님
서동왕자님 부르는 영원한 사랑가
호수에 솟아오른 분수대
무지갯빛 사랑꽃 피어나는 봄날
포룡정抱龍亭 연못에 그려놓은 꽃구름 하늘
사랑의 꽃마차 달려간다

백마강에서

하늘에 뜬 흰구름
솜사탕 만들어 그대에게
드리고 싶은 날

구드래 나루터에서
황포돛단배 타고
강바람에 머리카락 날리며
지친 몸과 마음 달랜다

삼천궁녀 전설 서린 낙화암
꽃잎으로 가녀린 몸 강물에 띄우고
강변 떠도는 가엾은 혼령들

꽃다운 죽음 애도하며
영혼의 안식 빌어주는 고란사 종소리
저녁 부소산 휘감고 돈다

백마강의 밤

바람 한 점 없는 저문 오후
찜통에 몸 사린 긴 하루
푹푹 찌는 더위 피해
구드래나루 강변에 갔다
석양이 머물다간 흔적
오색물감 뿌려 놓은 비단강
신의 손끝으로 그린 걸작
지난여름 사나운 폭우에 넘실대던 강
검푸른 하늘에 초승달 뜨고
강물 따라 날개 펼친 검은 새떼
산 넘고 물 건너 어디로 가나
저편 신리마을 등불 켜지면
교회 십자가에 홀연히 뜬 붉은 별
어두운 세상에 그리스도의 사랑
별빛처럼 쏟아지고 있었다

부소산 가을밤

땅거미 진 저녁
지상으로 내려온 별들
물빛으로 촉촉이 젖어 있다
고즈넉한 산길
여린 풀벌레 울음소리
깊어가는 가을밤
새들 잠자리에 들고
산길 헤매던 길고양이
후다닥 숲속으로 달아난다
어둠 매만지며
돌계단 따라 내려가니
백화정百花亭 아래 불빛 환하다
산중 고란사 등불 켜지자
작은 무도회 열리고
애간장 태우는 퉁소 가락에
소복 입은 여인의 살풀이 춤사위
하얀 나비로 환생한 궁녀의 넋
하늘 높이 날아오른다
강물에 내려온 별들
진혼곡鎭魂曲 부르며 흐느끼고 있다

금성산

금성산 산정에 머무른 석양
유유히 흐르는 사비성 비단강에
아름다운 노을빛 사랑

대문 앞 길목에 핀 코스모스
선선한 바람에 살랑대고
놀러 나온 벌 한 마리
분홍꽃에 앉았다가 흰꽃으로 날아간다

뽀송하게 잘 마른 빨래에 그늘이 지고
산으로 들판으로 놀러 나갔던 바람
어스름 뿌려 놓고
새들은 둥지 찾아 숲으로 날아든다

찬 기운 감도는 뜨락에
꽃과 나무들 묵묵히 서서
밤 오는 소리 듣고 있다

어두운 길목에 등불 켜지고
놀러 나갔던 고양이 담장 위에서
샛별이 눈치 살피고 있다

>
마을은 어둠 장막에 묻히고
집집마다 불 켜지기 시작했다
풀벌레 소리도 그친
시월의 금성산 한없이 적막하다

백마강 억새밭에서

백마강 억새밭에 갔다
하얀 억새 배경으로
뉘엿뉘엿 예쁜 해 저물고 있었다
태양이 남기고 간 붉은 땀방울
서녘 하늘에 곱게 번지는 노을빛 바다
머뭇거리던 석양 마지막 열기로
활활 타오르다가 서서히 식어가고 있었다
비단강에 산그늘 내려오고
저만치에서 걸어오는 젊은 남녀
보기에 좋은 한 쌍이었다
사진 몇 장 부탁했다
젊은이는 착하고 친절했다
고맙다 인사하고 돌아서는데
아까 본 그 청년이 도로 다가와
예전 선생님 닮았다며 아는 체한다
스승과 제자의 만남은 기쁨으로 바뀌고
트렁크에 실린 시집 선물로 건네주는
시인의 입가에 흐뭇한 미소 흐른다
멋진 청년과 맑은 눈망울 아가씨
눈부시게 빛나는 억새밭 사이로
유유히 멀어져 갔다

겨울 백마강

잿빛 하늘에 하얀 낮달
구름 속 헤매고
삭풍에 떠밀려온 눈송이
구드래나루에 흩어지고 있다

강변 수놓았던
코스모스 백일홍 해바라기
화려했던 국화
흔적도 없이 사라지고

드넓은 강변 둔치에 핀 눈꽃
찬바람에 허공 떠돌다가
시인의 흰머리칼 위에
살포시 내려앉는 송이눈

둥지 찾아 몰려든 밤새들
전깃줄에 앉아 잠시 숨 고르더니
일제히 숲속으로 날아갔다
이제 집으로 돌아가야 할 시간

둘이라서 포근한 겨울
그대와 나 우리 하나가 되어

어둠과 추위 속에서도 두렵지 않을
든든한 사람 있어 좋아라

중정리 산밭에서

중정리 가면 야트막한 산자락에
농부시인이 덜어준 기름진 산밭 있다
굳은 땅 관리기로 뒤엎고
퇴비와 비료까지 뿌려 놓은 밭
흙 고르고 비닐 덮어
감자 고구마 고추 심었다
가뭄 길어지면 단비 기다렸고
비바람 몰아치는 날에는
빗물에 휩쓸릴까 가슴 조렸다
비 그치고 하늘 맑은 날 찾아가 보면
용하게 잘 버텨낸 것들
바라만 보아도 마냥 흐뭇했다
장맛비로 무성히 자란 잡초에 칠세라
일삼아 뽑고 비지땀으로 가꾼 작물
밤마다 만찬 즐기는
고라니 길고양이 산비둘기
더불어 살아가는 풍요의 터전
어둠 깃든 밭고랑에서
흐르는 땀방울 씻어내며 바라본
주홍빛 예쁜 저녁하늘
황혼부부가 부르는 사랑노래
초저녁 개밥바라기 따라 돌아오면

꽃내음 번지는 우리집
단숨에 달려와 뜨겁게 반기는 강아지
가로등에 불 켜지고 있었다

궁남지 겨울

새해 밝은 지 이틀째
해님도 숨어버린 잿빛 하늘
뿌연 미세먼지 뚫고 궁남지에 갔다
갈색으로 변한 마른 줄기
벌집 닮은 연씨방
꽃 진 자리에 죽은 듯 얼굴 묻고
겨울잠 빠져든 연꽃마을
명당자리 골라잡은 물오리떼
끼리끼리 모여 앉아
수런수런 이야기꽃 피우고
물살 따라 둥둥 떠도는 오리가족
내 마음도 흘러 흘러라
어둠 자락 깔리자 조명등 켜지고
분수대에 솟는 하얀 물줄기
무지갯빛 폭포수로 쏟아져 내린다
추위와 맞서 꼿꼿이 서 있는 나무들
서로 어깨 기대고 잠 들었다
연밭에 홀로 선 두루미
뚜벅뚜벅 앞만 보며 걸어가는
시인의 빈 가슴
해 저문 바람으로 맴돌고 있다

XI. 시낭송가의 꿈

시낭송가의 꿈
시詩, 너와 친해지고 싶다
파초의 꿈
코스모스 꽃길
석양夕陽
빛과 어둠 사이
별을 보며
샛별

시낭송가의 꿈

하늘이 주신 달란트
시
그리고 낭송

어쩌다 좋은 시 만나면
어린아이처럼 설레는 가슴
시와 함께 잠들고
시와 함께 눈 뜬다

세상은 어둠 속에 저물고
홀로 깨어 읊조리는 밤
시혼詩魂의 바다로 노 저어간다

시와 음악과 낭송이 하나 되는
뜨거운 밤은 지나가고
빈 가슴에 불꽃으로 타올라
새아침 찬란한 빛으로 떠오른다

슬픔이 있는 곳에 위로를
아픔이 있는 곳에 치유를
절망이 있는 곳에 희망을
시낭송은 보이지 않는 힘이 있다

〉
내 삶의 기쁨이요 행복이요
때로는 간절한 외침이다
아무리 마셔도 마르지 않는
심혼心魂의 샘물이다

시를 낭송하는 일은
스러져 가는 영혼을 위한 기도다
하나님께 드리는 나의 노래다

시詩, 너와 친해지고 싶다

세상에서 상처받고
물에 빠지고
돌에 차이고 미끄러지고
뿌우연 먼지 뒤집어쓰고 헤매다가
흔들리는 나의 영혼
맑은 물가로 인도하고
한 줄기 빛 속으로 빨려 들어가게 하는
강한 힘이 있구나
너는

들꽃처럼 향기롭고 아름다우며
오래 된 친구같이 편안하고
애인만큼 사랑스럽고
아가의 웃음마냥 깨끗하고
하나님인 양 신비롭구나
너는

긴 밤 지새우게 하고
민낯 드러내지 않아 궁금하게 하고
깊은 바다로 빠지게도 하고
비 오는 날
빗속에서 눈물로 시 쓰게 하고

눈 내린 새벽녘엔
하얀 날개옷 입은 여신 되어
비상 꿈꾸게 하는구나
너는

신 앞에 무릎 꿇고 기도하게 하고
명상 속에서 참된 자아 만나 우주를 품게 하며
평안과 감사와 행복 선물해 주는 詩
너와 친해지고 싶다
나는

파초의 꿈

서편 텃밭 귀퉁이
담장 높이 솟아오르던 파초
밤새 내린 된서리에
폭삭 내려앉은 넓은 잎사귀
소낙비 내리던 지난여름
예쁜 꽃들 모여 사는 남향으로 옮겼다
기름진 꽃밭에 깊이 뿌리 묻고
파릇파릇 기운 차려 가던 어느 날
거센 비바람에 무참히 쓰러져
갈기갈기 찢기는 슬픈 날 있었다
선인仙人의 풍취 깃든 이파리
주눅 든 채 시무룩 앓고 있을 때
싱그런 어린 잎 다시 돋아나
넓고 긴 잎으로 앞집 창 가려주는
효자 노릇 톡톡히 했다
찬바람 부는 겨울의 길목에서
추위에 얼지 않도록 왕겨로 덮어 주고
어린 꽃들에게 희망이 되기를
태양의 열기 식혀주는
시원한 그늘 되길 기도했다
지난 밤 내린 서리에
아프단 말 한 마디 못하고

와르르 일그러진 파초의 꿈
지그시 견뎌야 하는 인고의 시간
겨우내 언 땅 속에서 죽은 듯 살아
강인한 생명의 꽃으로 피어날
찬란한 봄 손꼽아 기다리고 있다

코스모스 꽃길

지난해 가을 저녁 해 기울 즈음
황금빛으로 물든 시골길 달려
남면 둑방에서 받아온
주머니 속 까만 코스모스 꽃씨

집으로 돌아와 꽃동네 만들고파
대문 앞 길섶에 뿌렸더니
여름내 무성하게 자라
길목 코스모스 꽃길 되었다

지난여름 시야 가린다며
일부 잘라내긴 했어도
끝까지 살아남아
싱글벙글 함초롬히 피어난 꽃

길게 자란 꽃대 비바람에 휘어져도
어깨동무 새동무 서로 벗 삼아
청초하게 피어난 가을 아침
전선에 앉은 참새들
코스모스꽃으로 날아와 앉는다

석양夕陽

붉다 못해 검게 그을린 해
서산마루 걸려
심호흡하고 있었다

도시의 한복판 태워 버릴 듯
뜨겁게 타오르더니
귀가길 함께 가자며 따라붙었다

산 넘고 물 건너 지쳐
아파트 숲 사이에서
땀범벅 얼굴 씻고 있었다

못 본 척 딴 데 시선 두고
버스 안에서 잠깐 잠든 사이
더는 따라오지 않았다

석양이 남기고 간 고단한 하루
저녁노을 속으로 흩어져
강물로 유유히 흐르고 있었다

빛과 어둠 사이

산 넘고 물 건너 숨차게 달려온
붉은 홍옥 하나
마른 가지에 걸려 숨 고르고 있다

어스름 저녁 인적 없는 거리
머뭇거리던 해님 이내 잠들고
석양이 그려 놓고 간 그림 한 장
검푸른 하늘에 노을강 흐른다

유난히 큰 별 하늘에 있고
뭇별들 지상으로 내려와 동네마다
집집마다 어둠 사르고 있다

초롱초롱 빛나는 별들
강마을에 하나 둘 등불 켜지면
하늘과 땅 사이에서
빛의 축제 열리고 있다

별을 보며

지상으로 내려온 별들
얼어붙은 내 방 유리창에 떠서
오돌오돌 떨고 있는 밤

창문 여니 찬바람과 함께
쏟아져 들어온 별들
침대에 눕히고 솜이불 덮어 주니
깊은 잠에 빠져 들었다

유년의 밤하늘에는 언제나
눈물 그렁그렁한 작은 뭇별들
초롱초롱 빛나고 있었다

긴 꼬리 흔들며 사라지던 별똥별
유난히 밝게 빛나던 계명성
은빛 물결로 출렁이던 은하의 강

턱 괴고 앉아 물끄러미 바라보던
찬연한 별들의 축제
따스한 천상의 꽃밭이었다

지금도 나를 향하여

빛을 발하고 있을 추억 속 별 하나
그 별 만나러 새벽길 나선다

샛별

어린 시절 잠에서 깨어 마당에 나서면
동쪽 하늘에 뜬 큰 별 하나
내 가슴에 속살거렸다
총총히 박힌 뭇별 사라지고
캄캄한 세상 밝히던 그 별 향하여
내 마음의 소원 빌었다
어두운 골목길 가난한 사람들의 창 비추는
따뜻한 별 되고 싶었다
강물은 시간의 충격 견디며 흐르고 흘러갔다
가까이 다가갈수록 아득히 먼 곳에 있고
작은 가슴에서 무지갯빛 꿈 희미해져 갔다
산다는 것은
기쁨과 슬픔 뒤범벅 아우러져 굴러가는 수레
대지 위에 솟아나는 초록빛 새싹
소나기 그친 뒤 쏟아지던 눈부신 햇살
나를 살게 하는 믿음 소망 사랑
이대로 돌아서기엔 너무나 아름다운 세상인 것을
밤하늘에 홀연히 빛나는 저 샛별처럼
묵묵히 나의 길을 걸어갈 것이다

| 작품해설 |

외로움과 서글픔 속에서 동구 밖 서낭당 뒤뜰에 피어난 작고 예쁜 금낭화
― 석향(夕馨) 이순희(李順姬) 시인의 작품세계

龍山 鄭眞石
(시인·문학평론가·시낭송가·문학박사)

1. 들어가면서

우리네 인생살이는 잔잔한 호수가 아니다. 크고 작은 물결이 밀려오고 밀려감이 지속적으로 반복되는 통에 늘 출렁이는 바다다. 또한 인생길은 평탄한 초원이나 아늑한 숲속 오솔길도 아니다. 가파른 언덕길이고 험한 산 오르내리기다. 한 마디로 요람에서 무덤까지 전쟁과 평화가 끊임없이 교차되는 위험한 파도타기의 연속이자 고산준령(高山峻嶺) 등반의 연속이다.

실상 사람의 일생은 처음부터 끝까지 한평생 순풍에 돛 달고 유유히 흘러가기란 거의 드물다. 아니 불가능하다. 누구나 태어날 때부터 숙명적으로, 또는 살다가 운명적으로 갑자기 회오리바람처럼 몰아닥친 폭풍과 폭염과 폭우와 폭설과 홍수와 해일과 지진과 혹한 따위 천재지변성(天災地變性) 재난, 갖가지 안전사고나 교통사고나 화재 따위 인재성(人災性) 재난, 크고 작은 다침이나 된

통 고약한 아픔과 된서리 몸살과 돌발적인 각종 피해(도난, 사기, 폭행) 따위 개인적인 우환으로 고통을 겪기도 하고 보배로운 목숨을 잃기도 한다. 사람들은 신(神)의 피조물인 한낱 미약한 인간으로서 각자의 십자가를 짊어진 나귀 신세로 감당하기 벅찬 불운과 엄청난 시련과 눈물겨운 역경과 가슴앓이 속병 탓에 혹독한 진통을 감당하면서 준사막이나 살얼음판 위 고행의 길을 팍팍하고 고달프게 걸어가고 있는 성싶다. 이로 말미암아 저마다의 형형색색 슬픈 사연과 몇 가지씩 크고 작은 슬픔과 아림과 미움과 한을 품은 채 외롭게 살아가고 있는 것 같다. 그래서 낮에는 남들 앞에서 겉으론 '하하' '호호' 해맑고 밝게 웃고 있으나 속내론 '허허' '흐흐' 쓴 미소로 넘기며, 혼자 있는 밤에는 고난과 고뇌와 시름과 화(火) 때문에 잠을 편히 이루지 못하고 남몰래 '엉엉' '훌쩍훌쩍' 서글피 울면서 우울하게 보내고 있는지도 모른다.

　석향(夕馨) 이순희(李順姬) 시인 역시 예외는 아니다. 시인의 경우는 그 정도가 다소 가혹하지 않았나 싶기도 하다. 시인은 중학교를 졸업한 후, 10대 어린 소녀로서 고향집을 떠나 가족들과 멀리 떨어져 객지에서 혼자 외로움을 감수하면서 순전히 자력(自力)으로 힘겹고 고되게 고등학교 과정을 마쳤다. 이어서 삶에 대한 의욕이 원체 승하고 신분상승을 집요하게 희구한 시인은 대학교 과정까지 졸업하였다. 그리고 10대 감수성이 한창 예민한 청소년기에 시인을 퍽 예뻐한 심적 주춧돌이었던 오빠의 죽음을 겪었다. 또한 중년기에 배우자와 사별하는 슬픔과 환란(患亂)을 당했다. 대개 하나의 불행은 단순히 그 자체로 끝나는 것이 아니라 연쇄반응으로 제2차의 고난 내지는 후유증을 몰고 오기 일쑤다. 더욱이 여기에 시인의 경우는 설상가상(雪上加霜)으로 질환까지 생겨 죽음에 대한 공포와 불안과 초조에 시달리게 되었다. 특히 혼자가 된 시인처럼 기댈 만한 정신적 버팀목이나 실질적 조력자조차 없이 연약한 여인으로서 질병의 짙은 안개 속 미로(迷路)에서 인고(忍苦)의 투병생활을 감내해야 하는 그 벅찬 고통과 설움이란 말로는 이루 형언할 수 없을 정도였을 것이다. 그러니까 시인의 경우, 이 같은 개인적 아픔과 무서운 형벌에 준하는 시련은 그후 거의 운명적으로 시(詩)를 쓸 수밖에 없는 계기 내지는 필연성이 되지 않았을까 싶다.

이순희 시인은 아픔과 슬픔이 많은 분이다. 밝음의 시인이 아니라 어둠의 시인이다. 시인은 남모를 비애와 불우한 운명에 처해 있기에 무엇인가 하고 싶은 말이 많은 분이다. 시인은 자기의 가슴속에 맺혀 있는 응어리와 설움과 고뇌를 밖으로 쏟아놓고 싶었을 것이다. 시인은 이를 글로라도 써야만 가까스로 견딜 수 있는 딱한 처지에 놓여 있었다. 시인은 미어터지려는 슬픔과 속울음을 글로 표현하고 싶어서 시인의 길을 선택한 분이 아닌가 싶다. 다행히 시인은 시를 쓸 수 있는 충분한 자질과 고운 서정적 심성 따위 기본소양을 고루 곁들여 지니고 있다고 보아진다.

이순희 시인의 이 시집『추억은 강물 따라 흐르고』속에는 모두 94편의 시가 대체로 주제나 소재에 따라 열한 묶음으로 나뉘어져 있다. 열한 다발로 꾸러미 되어 있는 이 시집의 제Ⅰ부 묶음은 자기사랑(외로움), 제Ⅱ부 묶음은 고향사랑, 제Ⅲ부 묶음은 가족사랑과 벗사랑, 제Ⅳ부 묶음은 자연사랑(자연친화), 제Ⅴ부 묶음은 자연사랑(봄과 여름 정경소묘), 제Ⅵ부 묶음은 자연사랑(가을과 겨울 정경소묘), 제Ⅶ부 묶음은 영혼사랑(자기영혼돌보기), 제Ⅷ부 묶음은 불우이웃사랑과 동물사랑, 제Ⅸ부 묶음은 부부사랑, 제Ⅹ부 묶음은 향토사랑, 제ⅩⅠ부 묶음은 앞날사랑(미래 꿈) 등을 추구하고 있다.

이순희 시인의 시는 한 마디로 '사랑'을 노래하고 있다. 그러면 각 묶음의 작품들을 편의상 다시 거의 동질이거나 비슷한 특성별로 재분류해서 각 시마을을 산책 삼아 발길 끌리고 닿는 대로 이웃집에 마실을 가 듯 안채는 속속 들여다보기 쉽지 않기에 사랑채나 설핏 구다보는 식으로 둘러보고자 한다.

2. 자기사랑(외로움)

외로움은 차갑고도 지독한 형벌(刑罰)이다. 외로움이 얼마나 사납고 두렵고 견디어내기가 벅차고 어려운 것인가는 정말 처절한 외로움에 시달려보지 않은 사람은 도저히 알 수도 없고 이해할 수도 없을 것이다. 독거노인들의 경우, 무서운 암(癌)으로 인한 질병사(疾病死)보다 오히려 고독사(孤獨死)로 이승을 떠나는 경우가 비일비재하다고 한다. 참아내기 혹독한 외로움은 자칫 불면증, 우울증, 공황장애 따위를 초래할 수 있다. 또한 심적으로 지나치게 나약한 사람은 숫제 정신을 놓아버려 광인(狂人)이 되거나 병적인 자해행위 또는 극단적인 방법인 자살 등을 자행하기도 한다. 그러기에 소설 「인형의 집」을 쓴 입센(Henrik Johan ibsen)은 '고독한 인간은 가장 강하다.'고 말했는지도 모른다.

이순희 시인의 작품세계는 외로움과 그리움으로 점철되어 있다. 시인은 외로움을 많이 타는 편인 성향인 성싶다. 대개 자기에 대한 사랑이 진하고 욕망이 큰 사람일수록 외로움을 더 짙게 타는 것도 같다.

그러면 이순희 시인의 외로움은 어디서 파생된 것일까? 시인의 나홀로 의식은 10대 어린 나이에 부모형제가 있는 고향 부여(扶餘)를 떠나 외지에서 혼자 지낸 힘겹고 고달팠던 청소년기에 발아된 것이 아닌가 싶다. 그리고 시인의 중년기 외로움은 그 결정적인 발단이 배우자와의 사별(死別)로 비롯된 것 같다.

다음 시에 이순희 시인의 외롭고 서글픈 심정이 잘 나타나 있다.

슬픔이 선물처럼
내게로 왔다
가슴 속에 수심 안고
찾아간 강변 카페

멈추어버린 시간
산산이 부서진 꿈 조각들
아픈 상처 되어
허공으로 흩어졌다

무심히 흐르는 강물 위로
새들이 날고
섬마을 버드나무에
연초록 순한 바람 불었다

한 자락 바람에도
온몸을 부르르 떨던
유월의 강 파문
내 영혼 흔들 때

산 그림자
길게 누운 강가에서
식어가는 찻잔에 저미는 슬픔
뚝뚝 떨어졌다

― 「강변 카페에서」 全文

  여기서 우리는 이 시를 읽고 시인이 홀로 강변에 있는 카페를 찾아 찻잔을 앞에 놓고 외롭게 앉아 있는 모습을 눈에 선하게 떠올릴 수 있다. 끝연 '식어가는 찻잔에 저미는 슬픔/뚝뚝 떨어졌다'는 처연한 외로움에 대한 표현은 퍽 시적이다. 외로운 사람은 어디에 머물든 수시로 파도처럼 밀려오는 외로움을 느끼게 되고 그리움이 솟구치기 일쑤다. 외로움은 혼자 있을 때 느껴지는 심리다. 그렇지만 혼자 외롭게 지내는 사람은 이것 말고도 남들의 행복한 모습, 즉 쌍쌍이 또는 여럿이 어우러져 서로 정겹고 행복한 뭇사람들을 목격하게 되거나 대자연이 진짜 아름다운 곳이나 온갖 꽃들이 화사하게 핀 봄날 같은 때 수많은 사람들이 모인 가운데 함께 즐길 사람이 곁에 없을 경우에는 '상대적 외로움' 내지는 '군중 속의 외로움'을 절감하게 될 수도 있다.

그리고 외로움은 그리움을 낳는다. 역(逆)으로 그리움은 외로움을 일으키기도 한다. 그런즉 외로움과 그리움은 '일란성쌍둥이'라고 볼 수 있다. 이별이든 사별이든 다함께 작별의 슬픔과 고통을 수반하기 마련이다. 그래도 이별은 산 자끼리의 헤어짐이기에 살아있다면 언젠가 다시 만날 수 있을지 모른다는 가냘픈 기댓값이나마 품을 수 있다. 그러나 사별은 죽은 자와의 영원한 헤어짐이기에 살아서는 다시 만날 수 없다는 절망감 때문에 그 슬픔과 아픔의 강도가 가중될 수밖에 없는 노릇이다.

흔히 사람이 혼자 있는 시간이 많아지고 이것이 습관화 되면 은연중에 쓸쓸하고 덧없는 생각이 들게 되며 나중에는 매사 의욕을 상실한 채 무기력해지고 우울해질 수 있다. 이런 마음의 병은 육체의 건강을 해치기 십상이다. 마음의 건강과 육체의 건강은 별개가 아니라 하나다. 사람은 질병을 앓게 되면 심적으로 불안과 초조에 시달리게 된다. 그리고 육체적 아픔은 정신을 더욱 심약하게 만든다. 또한 이로 인한 두려움과 슬픔 때문에 외로움의 늪에 더 깊이 빠지게 되기도 한다. 자기가 '홀로'라는 외톨이의식 내지는 고립감에 갇히게 되면 한층 더 비애감과 절망감과 위기의식에 사로잡히게 되기도 한다. 이런 감내하기 어려운 역경과 시련에 봉착되면 그 난관을 혼자의 힘만으로 이를 딛고 일어서야 한다는 강박감과 단독자의식을 통감하게 된다. 그러면 더 심한 절망감과 좌절감에 봉착해 못내 서럽고 야속하며 원망스러워 처절한 고독감에 몸부림치게 되기도 한다. 그렇지만 그와 반대로 사람은 자기 생명이나 앞날에 대한 암울한 위기의식에 봉착되면 거의 본능적 내지는 조건반사적으로 평소와는 달리 자기애가 강렬하게 발현되고 이를 어떻게든지 타개하고 극기하고픈 초인적인 극복의지가 발동되기도 한다.

아무튼 우리 인간은 진퇴양난(進退兩難)의 막다른 처지에 놓이게 되면 자기중심과 자애정신을 견지하면서 강인한 의지와 희망을 품고 극기력을 발휘해 자기 앞에 닥친 당면과제와 위기상황을 어떻게 극복하고 모면할 수 있을 것인가 그에 합당한 대책과 슬기로운 해소책을 강구해야 할 것이다.

사실 사람은 자기가 건강하고 삶이 즐거우며 항상 시간에 허겁지겁 쫓길 정도로 바쁠 때에는 다른 사람이 별로 생각나지 않을 수 있다. 그러나 어떤 심한 질병에 걸리거나 삶이 고달프고 서글프며 외로운 처지에 놓이게 되면 자연히 예전에 친하고 우호적인 관계를 맺었던 타인이 생각나게 되기도 한다. 또 불우한 형편에 처하게 된 자기를 도와줄 만한 사람이나 친지가 새삼 그리워지게 되기도 한다. 특히 불행한 일을 당한 사람일수록 부모와 피를 나눈 형제가 더 생각나고 지난날 좋았던 추억에 젖게 되며 가족들과 함께 행복했던 옛날로 되돌아가고 싶은 마음이 간절하게 고조되기 마련이다.

이순희 시인의 고독한 일면은 다음 시에 한결 확연하게 드러나 있다.

깊어가는 겨울밤
잠도 오지 않고 뱃속은 꼬르륵

뒤꼍 굴속에 저장해 둔
　　고구마 꺼내다가
　　온 식구 둘러앉아 깎아 먹었다
　　　　　　(中略)
　　한겨울 온 가족 빙둘러 앉아
　　맛있게 먹던 살진 고구마
　　<u>지금은 혼자 꾸역꾸역 먹고 있다</u>
　　　　　　　　　　　　　―「고구마를 먹으며」

　위 시에는 겨울밤에 혼자 고구마를 먹는 시인의 외로운 심정이 토로되어 있다. 외롭게 지내는 사람은 날씨가 추워진 겨울철에는 외로움이 더 차갑게 체감될 수 있다. 겨울을 맞이하여 고구마를 먹던 시인은 문득 어린 시절에 '온 식구 둘러앉아' 날고구마를 '깎아 먹었'(1연)던 일이 떠올랐던 것이다. 그리고 지난날 '한겨울 온 가족 빙둘러 앉아/맛있게 먹던 살진 고구마'는 식구들과 다함께 행복을 공유하는 매개체였던 것이다. 그러나 세월이 흘러 나이가 든 '지금은 혼자 꾸역꾸역 먹고 있'다. 예전에 어려서 부모를 위시한 형제들과 옹기종기 둘러앉아 여럿이 어우러져 고구마를 맛있게 먹었는데, 현재는 혼자 외롭게 먹고 있는 것이다. 시인의 과거 회상을 통한 유년회귀의 심정이 진솔하게 표백되어 있다. 우리는 '꾸역꾸역' 의태부사를 통하여 시인이 얼마나 고독한 상황에 처해 있는가를 여실히 읽을 수 있다.
　이순희 시인의 외로운 면모는 다음 시에 좀 더 진하게 나타나 있다. 시인의 외로운 심정과 그리운 감정이 휘파람새를 통하여 시적으로 여과된 작품이 아닌가 싶다.

　　자정 지날 무렵
　　숲속의 적요寂寥 가르며

휘파람새가 울었다

　　산천초목 잠든 고요한 밤
　　한 마리 새 울음소리에
　　잠잠했던 가슴 깊은 곳 상처
　　꿈틀거리기 시작했다

　　이승 떠난 영혼 새로 환생하여
　　그리운 사람 향하여 외치는
　　처절한 절규처럼 들렸다

　　깊은 밤 임 부르는
　　휘파람새 설움에 화답하듯
　　누군가 휘파람 불었다
　　　　　　　－「휘파람새의 절규絶叫」 4~7연

　시인은 어떤 계기로 어느 날 야영을 갔다가 그날밤 비가 몹시 온 뒤 자정 무렵에 휘파람새의 울음소리를 들었다. 새의 울음은 외로운 처지에 놓인 시인을 우수와 우울감에 젖어들게 만든 것이다. 시인은 자신의 신세가 처량하게 되었다고 자의식한 나머지 자기연민에 사로잡혀 울적한 마음을 오밤중에 우는 휘파람새의 울음에 동병상련의 정을 느낀 것이다. 특히 5연 '산천초목 잠든 고요한 밤/한 마리 새 울음소리에/잠잠했던 가슴 깊은 곳 상처/꿈틀거리기 시작했다'는 표현은 썩 잘 빠진 절창(絶唱)이 아닌가 싶다.
　이 시에서 '이승 떠난 영혼'은 바로 시인의 죽은 오빠일 수도 있고 부모일 수도 있고 사별한 배우자일 수도 있고 어떤 불특정 고인(故人)들일 수도 있다. 밤에 우는 새의 울음은 시인의 귀에 마치 이승을 떠난 사람의 영혼이 새로 환생하여 '그리운 사람 향해 외치는/처절한 절규처럼 들렸'던 것이다. 이에 '깊은 밤, 임을 부르는

/휘파람새 설움에 화답하듯/누군가 휘파람을 불었다'고 한다. '누군가'는 짝을 잃은 외로운 타인일 수도 있고 바로 시인 자신을 가리킬 수도 있다. 전자든 후자든 여기서 '휘파람새'는 시인의 외로운 처지와 심정을 대변하는 감정이입이 된 매체라고 볼 수 있다.

　이순희 시인의 외로운 면모는 다음 시에 객관적 상관물인 폐역(廢驛)을 통하여 보다 시적으로 형상화되어 있다.

　　　양평 산골 외딴 마을
　　　구문역 찾아가는 길
　　　하염없이 궂은비 내렸다

　　　방금 꽃잎 펼친 가로수 벚꽃들
　　　추적추적 내리는 봄비 견디며
　　　눈물꽃 그렁그렁 매달고 있었다

　　　더욱 더 세차게 내리는 비
　　　드라마 촬영지로 알려졌다는 역
　　　마당은 빗물에 흠뻑 젖어 들고

　　　오래 된 사진과 열차 시간 적힌 알림판
　　　역사 안에 그대로 붙어 있어
　　　닫힌 역의 지난날 재현해 주고 있었다

　　　먼저 온 사람들 비 맞으며
　　　길게 뻗은 철길 위에서
　　　다양한 포즈로 사진 찍고 있었다

　　　마스크에 모자 꾹 눌러 쓴
　　　<u>노란 우산 속 여자</u>

비에 젖은 철길 따라
물안개 속으로 멀어져가고 있었다

빛바랜 나의 사진첩에
비 오는 날 풍경 담아 두고
탐스럽게 피어 그 언저리 밝히던
<u>벚꽃의 하얀 눈물 씻어주고 싶었다</u>
　　　　　－「구문역에서」 全文 (밑줄-筆者)

　위의 작품은 이농현상으로 인하여 쓸모가 없게 된 폐역(廢驛)에 대한 시다. 시인은 봄철에 경기도 양평군 '산골 외딴 마을' 소재 '드라마 촬영지로 알려졌다'는 구문역을 찾아갔다. 시인은 역(驛)으로서의 기능이 이미 상실되고 마비된 초라한 작은 간이역을 그리고 있다. 이 시의 소재로 삼은 '구문역'은 이제는 역사의 뒤안길로 밀려난 소박맞은 역(驛)이다. 특히 4연의 '오래 된 사진과 열차 시간 적힌 알림판/역사 안에 그대로 붙어 있어/닫힌 역의 지난날 재현해 주고 있었다'는 폐역(廢驛)의 퇴락된 모습과 현황이 사실적으로 묘사되어 있다. 벚꽃이 핀 봄철이라고는 해도 봄비가 내리는 날이라 쓸쓸한 분위기를 한결 조성하는 성싶다. 시인은 이를 통해 오늘날 편리한 삶의 공간인 도시문명사회를 찾아 이곳에 살던 주민들 대다수가 도회지로 떠나간 이주현상으로 말미암아 예전과 같은 역할을 잃어버림에 따라 한낱 폐기처분(廢棄處分)된 퇴물(退物)로 쓸쓸하게 변한 간이역을 포착해 시적으로 형상화하고 있다. 시인의 버림받고 밀려나고 소외된 범대타적인 존재에 대한 애정과 연민은 이처럼 폐역(廢驛)이 된 무생물에게까지 확산되고 있다. 폐역(廢驛)으로 전락된 '구문역'은 곧 시인의 외로운 삶이 투영되고 감정이입이 된 시인 자신을 표상하는 대유물이기도 하다. '마스크에 모자 꾹 눌러 쓴/노란 우산 속 여자'는 드라마 속의 주인공일 수도 있겠지만, 굳이 봄비가 '세차게 내리는' 날에 드라마 촬영장 현장을 찾은 시인 자신임을 어렵지 않게 추측해볼 수 있다. 역(驛)으로서의 제 기능과 구실을 상실한 그 폐역(廢驛)이 곧 시인 자신으로 자의식되고 치환될 때 동병상련적인 연민의 정은 한층 더 배가될 수밖에 없었을 것이다. 한편 이 시에는 시인의 현실적 외로움과 슬픔을 안으로 다독거리며 이를 어떻게든지 참고 견디어내려는 의지가 에둘러 깃들어 있지 않나 싶다. 이런 기미는 끝연(7연) 끝행 '벚꽃의 하얀 눈물 씻어주고 싶었다'를 주시할 때 미루어 엿볼 수 있다.

시(詩)란 직접 진술보다 간접적으로 아름다운 자연이나 구체적 사물에 감정을 이입시켜 내적 심리를 에둘러서 넌지시 서정적으로 표출시켰을 때 한결 더 아름다움을 획득할 수 있고 보다 시적 효과를 거둘 수 있으며 마냥 돋보일 만큼 빛을 발할 수 있음을 이 시는 잘 보여주는 작품이라고 간주된다.

3. 고향사랑(幼年回歸)

사람은 나이를 먹을수록 부모와 형제들한테 왠지 진한 애당지심을 느끼게 되며 어우렁더우렁 화기애애하게 살았던 고향집과 동무들과 신나게 뛰어놀던 어린 시절에 대한 향수에 젖어들게 되는 것 같다. 그리고 그것은 오늘의 현실이 불행하다고 여겨지고 고달프며 가혹하다고 생각될수록 한층 더 지나간 행복했던 옛날과 즐거웠던 추억을 짙게 떠올리게 만든다. 옛날이 오늘날보다 훨씬 더 살기 좋았고 행복했다는 생각, 이는 철학적으로 '*原始主義*'(prlmitivism)라고 한다. 문학비평에서는 이를 '유년회귀심리' 또는 '유년동경(원시동경)심리'라고 한다. 이러한 유년회귀심리 내지는 과거지향의 퇴행의지는 일반적으로 시간적으로는 어린 시절이고 공간적으로는 고향이다. 물론 그 중심에는 '어머니'가 존재하기 일 쑤다. 어린 시절은 누구에게나 그리움의 대상이다. 철없고 순진무구(純眞無垢)한 유·소년기는 부모의 따뜻하고 아늑하고 포근하며 자애로운 보호 아래 특별히 어떤 걱정이나 근심 없이 동무들과 재미있게 뛰어놀았던 시기이기 때문이다.

이순희 시인의 고향은 충청남도 부여군 석성면 현내1리 자연부락 '탑동'이다. 시인은 여기서 중학교 졸업할 무렵까지 부모의 품 안에서 지냈다.

비 온 뒤 유년의 추억
무지개로 뜨는 탑골 가는 길

사비문 지나 진도 고개 넘어서면
배꽃 하얀 속살거림에
산골 마을 환히 피어난다

동네 어귀 들어서면
마을의 수호신 천 년 삼층석탑
묵언수행 정적 흐르고

수백 수령 은행나무
마른 가지에 새잎 돋아나면
시원한 그늘로 땀 씻던
정겨운 이웃들

대문 앞 옹기종기 피어난
꽃다지 냉이꽃 민들레 제비꽃
졸음에 겨워 눈을 비비고
허청에 가지런히 걸린 연장들

일제히 일어나 텃밭으로 향한다

파란 대문 열고 들어서면
엄마의 환한 미소
수국 향기로 피어나고

먼지 쌓인 마루에 놓여 있는
대소쿠리 함지박 맷돌
마당귀에 엎어져 있는 절구
부뚜막에 걸린 가마솥

뒤란 지키는 장독대 항아리
추억 속 정물화로 그려져 있는 곳

온 마을에 저녁연기 피어오르면
들판 아이들 집으로 돌아오고

마루에 차려진 저녁 밥상에
옹기종기 모여 앉아 식사하면
앞논 개구리 목청 높여 불러주던
사랑의 세레나데

대숲에 놀러 온 바람도
하룻밤 쉬어가던 그리운 나의 집

―「고향」 全文

　시인의 고향은 우리나라 농촌의 전형적인 전통마을의 하나다. 굳이 어떤 군더더기 설명을 요하지 않는다. 시인은 시 「고향」에서 자기 고향마을과 고향집에 대하여 과거에 있었던 그대로, 또 현재 있는 그대로 사실적으로 담백하게 소개하고 있다. 우리는 시인의 고향마을과 고향집에 직접 가보지 않아도 시인이 애정 어린 예리한 관찰과 생생한 기억을 제대로 살려 쓴 이 시를 읽는 것만으로도 얼마든지 미루어 상상해 그려볼 수 있다. 그것은 시인이 마을 주변의 자연풍물과 고향집의 뜨락과 부엌과 뒤란 등 울안 구석구석에 놓였던 생활용품들에 대하여 비교적 낱낱이 상세하고도 친절하게 사진을 찍듯 고스란히 소묘한 시를 통하여 충분히 짐작되고도 남을 만하기에 그러하다.

다음 시 「추억은 강물 따라 흐르고」는 시인의 기억 중 가장 오래 된 추억거리다. 시인은 서너 살 때쯤 아버지의 인도로 친척집에 놀러갔던 기억을 더듬어 그리고 있다.

> 내 나이 서너 살 때쯤
> 아버지 자전거에 실려 강 건너
> 할머니 댁에 간 일 있다
>
> 할머니 손에 이끌려 강 건널 때
> 구멍 숭숭 뚫린 가교假橋 아래로
> 찰랑찰랑 흐르던 강물
> 어린 새가슴 쿵쿵거렸다
>
> 마을이 한눈에 내려다보이는 큰 집에
> 할머니와 할아버지가 살고 계셨다
> 마당귀 한쪽에 깊은 우물 있고
> 줄에 매달린 두레박으로 물 퍼 올렸다
>
> 땡볕 쨍쨍한 여름날, 개구쟁이 꼬마들
> 한꺼번에 몰려왔다 돌아가면
> 텅 빈 집안은 절간처럼 조용했다

할머니 따라 목화밭에 가면
낮은 바람에 실려 온 은은한 꽃향기
하얀 꽃물결 넘실대던 밭고랑에서
다래 따 입에 물면 단맛 났다

꽃구름 피어나는 파란 하늘
엄마가 보고 싶은 날이면
마을 앞 가로질러 흐르던 강물 위에
내 마음 띄워 보냈다

무더위 한풀 꺾일 무렵
강 건너편으로 마중 나오신 아버지
자전거 타고 덜컹거리는 신작로 따라
정든 나의 집으로 돌아왔다

등잔불 아래에서 잠들고
별을 세며 하늘 꿈꾸던 시절
부모님 곁 떠나 낯선 곳에서 보낸
나의 첫나들이였다
　　　　　　　　－「추억은 강물 따라 흐르고」 **全文**

　시인은 아버지의 이모네집에 놀러갔던 추억을 떠올리고 있다. 시인은 '서너 살 때쯤/아버지 자전거에 실려' 강 건너 할머니 댁에 놀러간 일을 회상하고 있다. 여기에는 '할머니 손에 이끌려 강 건널 때/구멍 숭숭 뚫린 가교 아래' 강물을 보고 '어린 새가슴 쿵쿵거렸다'고 매우 두려웠던 일이 그려져 있다. 꼬마어린이 마음에 당시 얼마나 무섭고 겁에 질렸으면 이렇게 좀처럼 지워지지 않고 뇌리에 각인되었을까 짐작이 되고도 남는다.
　자녀들이 다 성장해 보금자리를 떠났기에 친척 할머니 내외만 살고 있는 '텅 빈 집안은 절간처럼 조용했'던 것이다. 시인은 거기서 또래동무와 놀기도 하고 할머니를 따라 목화밭에 가서 단맛 나는 다래를 따먹기도 했다. 그렇지만 며칠이 지나자 이내 어린 꼬마아이 마음에 '엄마가 보고 싶'어 엄청 애태우다가 마침내 다시 아버지의 자전거에 실려 정든 집으로 귀가한 체험을 회고하고 있다.

 이 일이 오랜 세월이 흘러도 영 잊혀지지 않는 이유는 시인이 세상에 태어나 '부모님 곁 떠나 낯선 곳에서 보낸' '첫나들이'였기 때문이 아닌가 싶다. 우리는 무엇이든지 첫 경험은 쉽게 잊혀지지 않는 법이다. 예컨대 첫사랑, 첫날밤, 첫 만남, 처음 맛, 처음 멋, 첫 정, 첫아기, 신혼집, 초임지 따위는 여간해서 지워지지 않는 것과 같다.

 다음 시 「고무신 한 짝」은 어렸을 적 고무신 한 짝을 잃어버리고 어머니에게 야단맞을세라 쩔쩔맸던 아린 추억을 읊은 작품이다.

 밖으로 몰려나온 아이들과
 미꾸라지 붕어 송사리 잡으며
 신나게 어울려 놀던 소녀는

 거센 물살에 놓쳐버린 고무신 한 짝
 그걸 잡으려 허우적대다가
 냇둑에 주저앉아 펑펑 울었다

 엄마 몰래 마루 밑에 던져놓은
 검정고무신 한 짝
 까마득히 잊고 살아왔다

 한 마리 파랑새 되어
 행복 찾아 날아갔던 소녀는
 초로의 여인 되어

고향집에 다시 돌아와 보니

　　　숨겨 두었던 고무신 한 짝
　　　흔적도 없이 사라지고
　　　먼지만 켜켜이 쌓여 있었다
　　　　　　　　　　　－「고무신 한 짝」(3~7연)

　이 시에서 시인은 어린 소녀 적에 집 앞의 냇물에서 '미꾸라지 붕어 송사리 잡으며/신나게 어울려 놀'다가 그만 '거센 물살에 놓쳐버린 고무신 한 짝/그걸 잡으려고 허우적대다가/냇둑에 주저앉아 펑펑 울었다'고 한다. 그것은 아이들과 물가에서 재미있게 놀다가 부주의로 고무신 한 짝을 그만 떠내려 보냈기 때문이다. 시인은 고무신 한 짝을 분실했다고 엄마한테 혼쭐이 날까봐 겁나 남은 고무신 한 짝을 '엄마 몰래 마루 밑에 던져' '숨겨두었던' 것이다. 우선 닥친 위기를 모면하려고 남아 있는 '검정고무신 한 짝'을 '엄마 몰래 마루 밑에 던져' 살짝 감춘 어린이다운 순진무구함이 서린 영악한 임기응변식 발상 바로 이런 진솔한 고백이 이 시를 읽는 재밋거리다. 그리고 시인은 어린 소녀 시절의 이런 사실조차 '까마득히 잊고 살아왔다'가 '초로의 여인 되어/고향집에 다시 돌아와 보니//숨겨 두었던 고무신 한 짝/흔적도 없이 사라지고/먼지만 켜켜이 쌓여 있었다'고 술회(述懷)하고 있다. 무엇이든지 세월이 흐르면 슬프고 괴로웠던 일까지 추억거리가 될 수 있고 지난날 그 당시에는 매우 곤욕스런 걱정거리나 혹 누군가와 다투고 미워했던 일까지 그리움으로 여과 내지 변모될 수 있는 것이다. 이처럼 '시간'은 쾌쾌 묵은 과거나 두 번 다시 떠올리기 싫은 악몽 같은 과오마저 깨끗하게 세탁하고 걱정과 고통조차 추억과 사랑으로 승화시키거나 향수로 미화시키는 만병통치묘약 구실을 한다. 또 '시간'은 아리고 역겨웠던 시련과 영영 잊혀지지 않을 것 같은 뼈

저린 아픔까지 고성능지우개처럼 말끔하게 지워주고 무디게 걸러주고 개운하게 거들어줌으로써 평온을 되찾도록 망각시켜주는 특수마취제 역할을 하는 것이다.

시인은 세월이 많이 흘러 성인이 되어 고향집을 찾았다가 '검정고무신 한 짝'이 그대로 있나 궁금해서 마루 밑을 살펴보았다. 그러나 그 고무신은 온 데 간 데 없고 '먼지만 켜켜이 쌓여 있'는 상태만 눈에 띄었던 것이다. 이 부분에서 우리는 어린 시절의 소녀다운 일면인 시인의 궁금증을 풀려는 순박함과 함께 인생무상을 다시 한 번 실감하고 있는 우수어린 내면을 은연중 읽을 수 있다.

그런데 시인의 경우, 시인의 고향에 대한 정서는 비교적 어두운 편이다. 시인은 아버지 **咸平李氏 光憲**과 어머니 **昌寧曺氏 福煥** 여사 사이에서 3남 3녀 6남매 중 장녀로 태어났다.

시인의 고향을 생각하는 의식의 밑바닥에는 조금은 어두운 그림자가 깔려 있는 것 같다. 그것은 그리 넉넉하지 않은 농가의 6남매 가운데 맏딸로 태어난 통에 어려서부터 여러 동생들 돌보기와 가사돕기에 무척 어려움을 겪었기 때문이 아닌가 싶다. 시인은 아버지를 도와 부모가 농사일에 쫓기는 어머니를 대신해서 위로 1명의 오빠와 아래로 2명의 남동생과 2명의 여동생 등 줄줄이 이어진 4명이나 되는 어린 동생들을 줄곧 업어주고 데리고 놀아주어야 하고 일일이 챙겨줘야 하고 돌보아야 했을 것이다. 그리고 시인은 어린 소녀로서 재래식 부엌에서 불을 떼서 밥을 지어 가족들의 식사를 준비하고 빨래를 하고 청소를 하는 등 이를 감당하기가 매우 짜증나고 힘들었을 것으로 추측된다. 또 시인은 농번기에는 학교에서 돌아오면 밭에 나가 허드레 일거리 농사짓기를 거들기도 해야 했던 것 같다. 더구나 남에게 지기 싫어하는 꽤나 욕심이 많았을 성싶은 소녀로서는 때로 공부에만 전념할 수 있는 또래동무가 부럽고 샘나기도 하였을 것으로 짐작된다.

중학교 다니던 시절
바쁜 농사철 일손 부족했던
늦은 봄날이었다

땅거미 질 무렵
학교에서 늦게 귀가한 나에게
엄마는 꾸중하셨다

기분 상한 나는
책가방 마루에 던져 놓은 채
호미 챙겨 집을 나섰다

냇둑 은행나무 묵묵히 바라보고
우물가 향나무 손 뻗어 토닥여 주었다

회관 지나 언덕에 오르니
효자문 앞에 드리운 음산한 기운
누군가 뒤에서 발목 잡을 것만 같아
빠른 걸음으로 콩밭에 갔다

사방은 달빛 내려 고요한데
어린 콩잎들 사부작사부작
잔잔한 바람에 흔들리고 있었다

한참 정신없이 풀 매다가
문득 바라본 빙그레 웃고 있는 달님
어여 돌아가라 등 떠밀었다

가까운 야산엔 소쩍새 구슬피 울고

잠든 영혼들 자리에서 일어나
조용히 마을로 내려오고 있었다

단숨에 달려 집으로 돌아오니
식구들은 모두 잠들고
먼저 온 둥근달 대추나무에 걸려
살가운 미소로 반겨 주었다

— 「콩밭 매기」 **全文**

    시 「콩밭 매기」는 시인이 '중학교 다니던 시절' 이야기다. 이 시에는 '농사철 일손 부족했던/늦은 봄날' 학교에서 '땅거미 질 무렵/늦게 귀가한' 시인에게 '엄마는 꾸중하셨다'고 한다. 시인으로서는 자기가 어디서 놀다가 온 것도 아니고 학교에서 학업에 충실하다가 다소 늦게 집에 돌아온 시인에게 농사일을 돕지 않는다고 꾸중을 하고 일을 시킨 어머니의 지시가 언짢게 여겨졌을 것이다. 이에 기분이 상한 시인은 '책가방 마루에 던져 놓은 채/호미 챙겨 집을 나섰다'고 한다. 나이어린 중학생 소녀로서 자기 동네라고는 해도 어둠이 깔린 늦은 저녁나절이라 겁이 났을 성싶다. 이 점이 '효자문 앞에 드리운 음산한 기운/누군가 뒤에서 발목 잡을 것만 같아/빠른 걸음으로 콩밭에 갔다'고 으스스 떨리고 무서웠던 소녀의 심정이 진솔하게 표백되어 있다. 어린 소녀로서 달이 떴을 때까지 콩밭을 매고 늦은 시각에 밭에서 집으로 돌아올 때 오싹오싹 겁나고 두려웠던 기억을 회상하고 있다. '가까운 야산엔 소쩍새 구슬피 울고/잠든 영혼들 자리에서 일어'날 정도로 어둠이 짙게 깔린 늦은 저녁의 밤길이라 매우 두려웠을 것이다. 그래서 '단숨에 달려 집으로 돌아오니/식구들은 모두 잠들고' 있는 것을 보고 서운하게 여겨졌으리라. 그래도 심성이 고운 시인은 이처럼 상처 받은 그날의 심정을 주변의 자연을 통해 위안을 얻은 것으로 진술하고 있다.

즉 '냇둑 은행나무 묵묵히 바라보고/우물가 향나무 손 뻗어 토닥여 주었다' '한참 정신없이 풀 매다가/문득 바라본 빙그레 웃고 있는 달님/어여 집으로 돌아가라 등 떠밀었다' '둥근달 대추나무에 걸려/살가운 미소로 반겨 주었다'고 읊고 있다. 이와 같이 시인은 가족들로부터 받은 섭섭함 및 어두운 밤길의 떨리는 무서움을 '냇둑 은행나무' '우물가 향나무' '달님' 따위 이런 친밀한 자연물을 벗 삼아 토라지고 불편한 심기와 떨리는 공포심을 애써 스스로 위로받고 토닥였던 것이다.

    시인의 집은 비록 풍족한 부농(富農)은 아니었을망정 그렇다고 그리 옹색하지는 않은 성싶다. 그럼에도 불구하고, 시인은 고등학교 입학시험에 합격하고도 학업을 중단한 채 중학교를 졸업한 후에 1년간 집안일을 거드는 것으로 소일하여야만 했다. 사춘기 한창 꿈 많은 시인으로서는 고등학교로 진학한 친구들이 무척 부러웠을 것이 자명하다. 이는 시인의 가슴에 평생토록 지워질 수 없는 멍처럼 골 깊은 큰상처로 새겨졌을 성싶다. 이때 영특한 시인은 자기의 미래에 대하여 위기의식을 절감했던 것 같다. 시인은 만일 앞으로 집에 계속 있으면 농업에 종사하는 부모의 일손을 도와야만 할 것이 뻔한 노릇이었을 것이다. 또한 여러 동생들을 거느리고 돌보아야 하는 것이 기정사실임을 자각했을 것이다. 이에 사춘기 시인으로서는 꽤나 부담감과 강박감과 다가올 앞날에 대하여 착잡함과 암울함을 느꼈을 것으로 추측된다. 어쩌면 시인은 당시 집에서의 이런 생활이 너무 지겹게 여겨지고 정말 싫어 자기의 내일이 물 보듯 뻔한 굴레로부터 벗어나고 싶었을지 모른다. 그래서 조숙한 시인은 '내 살길은 내가 개척해나가겠다'는 옹골차고 당찬 생각을 자각하게 된 끝에 가족들과 떨어져 혼자 지내야 하는 실로 외롭고 고달플 길을 결행하기로 결심한 것으로 보아진다. 물론 어린 시인이 집을 떠나기란 퍽 겁도 나고 어려운 고생길로 접어드는 고행일 것임을 예상 못했을 리 만무다. 시인은 이를 빤히 내다보면서도 집을 떠나기로 야무지고도 암팡진 선택을 강행한 것이다. 시인이 1년간 휴학을 한 채 집에서 가사일을 돕다가 이 길을 선택한 데에는 앞에서 언급한 이유 말고도 다음과 같은 까닭도 작용하지 않았을까 싶다. 첫째 중학교를 졸업하고 1년간 쉬었다가 애당초 원했던 여고로 진학할 경우에는 1년 먼저 입학한 중학교 동창들의 후배가 되는 꼴이기에 자존심이 강한 청소년기 시인으로서는 이를 받아들여지기가 도저히 어려웠을 성싶다. 즉 시인이 상급학교 진학에 있어서 타지방 소재 학교로 가기로 굳힌 것은 자존심을 지키고 기가 꺾이지 않기 위한 궁여지책이 아니었을까 싶다. 둘째 이런 결연한 용단의 배경에는 중학교를 졸업한 직후에 부모의 당시 어려운 경제적 형편과 여건으로 말미암아 그토록 열망했던 고등학교로 진학하지 못한 아쉬움과 서운함도 얼마쯤 작용했을지도 모른다. 셋째 여기에는 전근대적 봉건사회 분위기 내지는 보수적 인습에 젖고 얽매어 농촌에서 농부의 아내로 한평생을 밤낮 힘겨운 중노동에 시달리면서 항상 피곤하게 살고 있는 어머니와 같은 고달픈 삶을 결코 답습하고 싶지 않은 심리가 크게 작용했기 때문으로 여겨진다.

무엇보다 우리는 시인이 불과 사춘기에 모험적이고 험한 가시밭길임을 예감하면서도 홀로서기의 길을 스스로 선택한 점을 주시해봄직하다. 여기에는 자기 자신의 일은 오로지 자기 자신이 감당하고 어떠한 일이 있어도 스스로 지켜나가야 하며, 또한 자기 앞날은 자기가 알아서 개척해야 한다는 철두철미한 자애자립정신이 강하게 발현되었다고 보아진다. 그리고 시인의 삶에 대한 앞날의 포부와 욕망과 의지가 워낙 원대하고 강렬하여 이 점이 크게 작용되었으리라 짐작된다. 우리는 이처럼 일찍 철들은 시인한테서 좀 더 너른 세상으로 나가고 싶은 진취적인 야망과 미래지향적인 삶을 추구하고픈 욕구와 철저한 자기관리의식에서 발로된 정말 야무지고 암팡진 자애정신을 여실히 읽을 수 있다. 아마 시인은 부모의 도움 없이 순전히 자기 힘만으로 생활비와 학비를 벌어 조달하면서 고등학교 과정의 학업을 마친 이 3년 기간 내내 개인적 외로움과 힘겨움과 서러움을 너무나 피부껏 통감했을 것이다. 한편 이 시절에 시인이 겪은 이런 심신의 고달픔과 시련과 역경은 성인이 된 이후에 감내하기 버거운 다수의 난관과 위기를 이겨내는 극기력 및 강인한 자립심을 기를 수 있는 원동력 내지는 자양분이 되었을 것임에 틀림없다. 또한 시인이 세상사를 바라보는 옹골찬 가치관 확립과 정신적 성장에 크게 보탬이 되었으리라 보아진다. 즉 이는 결과적으로 삶에 대한 의지와 미래의 행복을 쌓는 기초다지기를 향한 의욕이 남달리 강렬한 시인 자신에게 홀로서기의 정신무장을 한층 더 튼실하게 굳히고 강화시키는 초석이 마련되었으리라 추측된다. 이처럼 시인이 어린 나이에 타향에서 청소년기를 외롭게 지낸 것은 정신적으로 조숙함을 가져와 신분상승에 대한 욕망이 은연중 짙게 작용되지 않았을까 싶다. 따라서 시인한테 이 기간은 험난한 세파를 불굴의 투지로 꿋꿋하게 헤쳐 나가는 데 필요한 자아관리 능력 배양 및 시인의 정신적 성숙을 안겨주었던 셈이다. 그렇지만 또 다른 한편으론 이때 받은 시인의 쓰라린 시련과 뼈아픈 상처는 내면 깊이 잠재의식으로 또아리를 틀고 있다가 때때로 불청객으로 찾아와 심적 아픔을 도지게 만들어 스스로를 보채고 괴롭히곤 했을지도 모른다.

   그리고 시「고향집 은행나무」에는 고향집의 은행나무에 대한 추억과 함께 다소 어리석고 몰지각한 이웃의 방화성(放火性) 과실 탓으로 불에 탄 채 고난과 시련을 겪고 있는 은행나무의 딱한 상태에 대한 연민과 안타까움이 애잔하게 그려져 있다.

유년의 시골집 앞 냇둑에 서 있는
수백 년 된 은행나무 한 그루
봄이 오면 초록빛 새잎 돋아나고
한여름이면 큰 그늘 되어
마을 사람들 쉼터 되어 주었다
잘 익어 떨어진 은행알은
동네 꼬마들 새벽잠 설치게 했고
아궁이에 구우면 맛있는 간식 되었다
깊은 가을이면 노오란 은행잎
길 위에 정처 없이 떠돌고
고운 잎 책갈피에 숨겨 놓고
공부가 지루한 날 살며시 열어보며
흐뭇한 미소 짓던 소녀 때 추억
아련한 그리움으로 맴돈다
갖은 풍파 견디며 반듯하게 잘 자라
풍성한 열매로 주인 섬기던 착한 나무
언제부터인가 신음소리 내며 울고 있었다
누군가 쇠톱으로 상처 내놓고
밑둥에 불 질러 까맣게 태운 흔적 남겼다
마을의 역사 품고 있을 은행나무
지각없는 이웃으로 쓰러질 위기에 처하자
동네 사람들 파출소에 도움 청했다
'접근금지' 표시되고 쇠톱날 상처에는
하얀 붕대가 감겨졌다
우리 마을 수호신 은행나무 한 그루
지금 된통 몸살 앓고 있다
—「고향집 은행나무」 全文

시인의 '유년의 시골집 앞 냇둑에는/수백 년 된 은행나무 한 그루 서 있'다. 그 은행나무는 '무더운 여름이면 큰 그늘 되어/마을 사람들 쉼터 되어 주었'다. 그리고 가을철 '잘 익어 떨어진 은행알은/동네 꼬마들 새벽잠 설치게 했고/아궁이에 구우면 맛있는 간식 되었'다. 또 소녀 시절에는 '깊은 가을이면 노오란' '고운 잎 책갈피에 숨겨 놓고/공부가 지겨운 날 살며시 열어보며/흐뭇한 미소 짓'게 했던 하나의 그리운 추억거리였다. 그런데 '풍성한 열매 맺어 주인 섬기던/착한 은행나무 언제부터인가/신음 소리 내며 울고 있었'던 것이다. 그 이유는 '누군가 쇠톱으로 상처 내고/밑둥에 불 질러 까맣게 태운 흔적 남겼'기 때문이다. 더욱이 그 나무는 '마을의 역사 모두 품고 있을 은행나무'였던 것이다. 그래서 '지각없는 이웃으로 쓰러질 위기에 처하자/동네 사람들 파출소에 도움 청'해 가까스로 '접근금지 표시되고 쇠톱날 남겨놓은 상처에는/하얀 붕대가 감겨졌다'고 증언하고 있다. 이처럼 시인은 심하게 상처를 입고 보호수 처지로 전락된 지난날 여러모로 고맙고 사랑스러웠던 은행나무에 대하여 '우리 마을 수호신 은행나무 한 그루/지금 된통 몸살 앓고 있다'고 못내 애석해하고 있다. 어린 시절의 행복했던 기억을 떠올리게 하는 소중한 추억물의 하나이자 마을의 역사를 대변하는 증거물인 은행나무가 몰지각한 사람에 의해 훼손된 실로 딱한 실태를 목격하고 퍽 안쓰럽게 여기고 분개하며 안타까워하고 있다.

　이런 몇 가지 연유들에서인지 시인의 고향에 대한 추억은 어두운 편이고 우울한 분위기가 지배적인 것 같다. 하긴 젊은날 어린 두 아들을 데리고 고향 친정집을 찾아 아이들이 농촌의 대자연 속에서 즐거워하는 모습을 바라보며 행복했던 추억이 없었던 것은 아니다.

　　두 아이 여섯 살, 세 살 되던 해

친정집으로 여름휴가 갔다
시골집에는 홀로 되신 엄마가
마당귀에 꽃밭 가꾸며 살고 계셨다
　　　　　(中略)
넓은 마당에서 신나게 뛰놀던 아이들은
돌부리에 채여 넘어지고
무릎 깨져 울기도 했다
밤이면 벌레에 물리지 않도록 불 지피고
안방에 모기장 걸어 놓았다
총총히 뜬 별들 보며
함께 놀던 친구들 얼굴 떠올렸다
그리움이 해일처럼 밀려왔다
곤한 잠에 빠져든 아이들
뒤척이다가 모기에게 수혈하고도
아침이면 아무렇지도 않게 마을 휘젓고 다녔다
작은 꿈이 함박꽃마냥 피어나던 시절
동심 지닌 아이들은 해님같이 눈부시게 성장했다
내 유년의 고향집에서 아이들과 보낸
그 해 여름은 참 행복했었다
　　　　　　　　　　　　　 -「친정집」

　고향에 있는 시골집은 시인이 '두 아이 여섯 살, 세 살 되던 해/ 친정집으로 여름휴가를' 간 두 아이들을 키우는 젊은 엄마로서 도회지 아파트 공간을 떠나와 '넓은 마당에서 신나게 뛰놀던 아이들'의 모습을 보며 뿌듯한 행복감을 느끼기도 한 추억의 공간이기도 하다. 시인은 '내 유년의 고향집에서 아이들과 보낸/그 해 여름은 참으로 행복했었다'고 회고하기도 하였다. 그런데 이런 친정집은 이제는 어머니마저 돌아가셔서 빈집이 된 지 오래인 것이다.
　이순희 시인의 시 「빈집」에는 폐가(廢家)로 변한 고향집을 찾고

서 느낀 못내 아쉽고 그리운 심회가 잘 나타나 있다.

> 파란 대문 열고 들어서면
> 살짝 무너져 내린 고향집 흙벽 나무청
> 검은 고양이 한 마리 제 집인 양
> 들락날락하는 빈집
> 떨어져 나갈 듯 닳고 낡아
> 간신히 몸 기대고 서 있는 부엌문
> 갈라지고 삭아져 아슬아슬하다
> 부뚜막에 나란히 걸린 가마솥 두 개
> 솥뚜껑에 앉은 뿌연 먼지
> 녹슨 채 세월의 무게 견디고 있다
> 눈물 콧물 흘리며 불 지피던 아궁이
> 메케한 연기 들이마시며
> 밥 짓던 소녀 적 기억 속에
> 노랗게 익어가던 고구마, 은행, 알밤
> 내 허기 채워주던 아주 특별한 간식이었지
> 수십 년 방치된 구멍 뚫린 화로
> 형체조차 잃어가고
> 무성하게 자란 칡넝쿨 뻗어 내려와
> 엄마의 장독대 휘감고 있다
>
> -「빈집」 全文

시인이 오랜만에 옛집을 찾은 착잡한 심회를 표백하고 있다. 시「빈집」은 곧 부모님과 형제들이 예전에 함께 살았던 시인의 고향집이다. 그런데 고향집에는 현재 아무도 살고 있지 않다. 부모님은 두 분이 다 돌아가셔서 선영(先塋)에 묻혀 영면에 들어가 있다. 그리고 형제들도 저마다 새삶의 터전을 찾아 각지로 뿔뿔이 흩어져 살고 있다. 시인도 도시로 나가 살다가 모처럼 아무도 없는 빈

집 상태의 고향집을 찾고서 회심에 젖어 옛날에 대한 그리움과 인생의 덧없음을 체감하고 있다. 고향집의 현황은 '파란 대문 열고 들어서면/살짝 무너져 내린 고향집 흙벽 나무청' 가족들과 함께 살던 고향집은 아무도 살지 않는 '검은고양이 한 마리 제 집인 양/들락날락하는 빈집' 상태다. '떨어져 나갈 듯 닳고 낡아/간신히 몸 기대고 서 있는 부엌문/갈라지고 삭아져 아슬아슬하'고 '부뚜막에 나란히 걸린 가마솥 두 개/솥뚜껑에 앉은 뿌연 먼지/녹슨 채 세월의 무게 견디고 있다' '수십 년 방치된 구멍 뚫린 화로' 등에 애틋한 혈육애와 덧없고 뒤숭숭한 회한의 심정이 토로되어 있다. 특히 그토록 부서지고 황폐(荒弊)된 상태의 부뚜막은 날마다 농사짓기 일손에 쫓기는 농가의 맏딸로 태어났기에 시인이 지난날 소녀 적에 '눈물 콧물 흘리며 불 지피던 아궁이/메케한 연기 들이마시며/밥 짓던' 애환 서린 공간이었다. '눈물 콧물 흘리며' '밥 짓던 소녀'는 바로 시인의 소녀 시절 당시의 자화상인 것이다. 그리고 시인은 마지막 두 행에서 '무성하게 자란 칡넝쿨 뻗어 내려와/엄마의 장독대 휘감고 있다'고 증언하고 있다. 이 시구(詩句)와 마주치게 되면 한평생 농부의 아내로서 여러 자녀들을 먹이고 공부시키고 위하여 가장의 일손을 거들어야 하고 주부 역할도 병행해야만 했기에 한시도 쉴 새 없이 항상 허겁지겁 쫓기고 너무나 고달팠을 시인의 어머니를 향한 애틋한 그리움과 연민의 정에 울컥 치밀었을 심정을 헤아릴 수 있다.

  이렇게 이순희 시인은 모처럼 고향을 찾았다가 지난날 어린 시절에 부모님과 형제들이 한 식구로 더불어 오붓하고 오순도순 정겹게 살았던 행복의 보금자리였던 고향집이 초토화되다시피 볼품없는 폐가(廢家)가 된 채 무너진 흉물로 남아 있는 모습을 보고 이것이 영 낯설게 느껴질 뿐만 아니라 인생무상적인 덧없음을 체감하게 만들었을 것이다. 이는 엄밀한 의미에서 '고향상실'이라고 볼 수 있다. 또한 돌아가신 부모님에 대한 애절한 그리움과 아련한 향수에 젖어 현재는 각자 뿔뿔이 흩어져 살고 있는 형제들도 생각났을 성싶다. 이처럼 예전의 정겨운 모습이 아닌, 시인의 기억 속의 원형과는 전혀 딴판인 사나운 꼴로 퇴색된 고향집의 현황은 상실감과 당혹감으로 인한 충격 때문에 시인의 과거에 대한 짙은 향수와 애틋함이 정 떨어지게 반감되었을 수도 있다. 다른 한편 향수의 공간이었던 고향이 판이하게 낯선 다른 모습으로 변질되었음을 목격하고 너무 안타깝고 애석한 나머지 옛날에 대한 그리움이 오히려 한층 격정적으로 고조될 수도 있을 것이다.

4. 가족사랑과 벗사랑

이순희 시인은 마음이 선하고 뿌리의식이 유달리 진하다. 그리고 시인은 부모와 형제에 대한 정이 남달리 애틋하다.

대체로 유·소년기 고향에서의 추억과 고향집에서의 행복한 시절에 대한 그리움의 중심에는 어머니가 존재하는 것이 보통이다.

철없던 어린 시절 땅거미질 때까지
뒷동산 묘마당에서 동네 아이들과 놀았다

집집이 굴뚝 연기 피어오르면
집 앞 냇둑에 서서 동네 떠나가도록
내 이름 부르시던 어머니

그때마다 놀이에 푹 빠져
"네. 알았어요."
대답만 하고 어머니 애타게 했는데

이제 서산바라기 된 나는
아직 노는 재미에
집으로 돌아가지 못하고 있다

그래서일까 어머니는
내 이름 부르길 포기하신 듯 잠잠하시다
그 목소리 다시 듣고 싶다

―「그리운 목소리」 全文

 시인은 이 시 「그리운 목소리」에서 행복했던 유년 시절과 함께 어머니에 대한 삼삼한 그리움을 토로하고 있다. 시인은 '철없던 어린 시절 땅거미질 때까지/뒷동산 묘마당에서 동네 아이들과 놀았던 추억을 떠올리고 있다.
 그런데 우리는 시인의 이 시를 통해서 시인이 얼마나 삶에 지쳐 있고 심리적으로 위축되어 있는가를 어느 정도 감지할 수 있다. 이 점은 이 시 4연을 눈여겨보면 중년에 이른 자기 삶에 대하여 덧없음과 외로움에 연민하고 있음을 어렴풋이 엿볼 수 있기 때문이다.
 시인은 현실이 힘겹고 질병까지 앓게 되어 불우한 처지에 놓인 자신의 현주소가 못내 서글프고 외롭게 느껴지기만 했던 것 같다. 이때 시인은 꿈에 이따금 어머니가 나타나기도 하였을 것이다. 시인은 돌아간 어머니가 그리워지고 어렸을 적 들었던 어머니의 목소리를 다시 듣고 싶어졌던 것이다. 이는 철모르고 어머니 품안에서 행복하게 지냈던 어린 시절로 되돌아가고 싶은 퇴행의지가 발로된 심리인 동시에 이와 같이 서글프고 외롭게 연명하느니 차라리 죽고 싶은 심정이 들기도 한 것이 아닌가 싶다. 사람은 자기가 겪고 있는 현실이 왠지 슬프고 앞날이 암울하게 느껴지면 우울하고 착잡한 심정에 갇히게 되며 때로는 이승과의 인연을 끊어버리고 싶은 충동이 생길 수도 있다. 반면에 사람은 불안과 초조와 공포에 사로잡히고 건강상 위기 상황에 처하게 되면 조건반사적인 본능으로 그 어느 때보다 자애심리 내지는 자기연민이 진하게 발현되기 일쑤다. 그러기에 여기서 시인이 아직 이승에서의 삶에 미련을 가지고 행복하게 살아가고 싶은 애달프고 절실한 심정을 미루어 엿볼 수 있다. 즉 이 시를 통해서 우리는 시인의 이승에서의 삶에 대한 짙은 애착과 미련을 읽을 수 있다. 이 점은 '이제 서산바라기 된 나는/아직 노는 재미에/집으로 돌아가질 못하고 있다'(4연)에 주목할 때 좀 더 선명해질 수 있다.

 사람은 어려서는 동무들과 재미있게 놀다가도 시간이 되면 집으로 돌아가야 하고, 나이를 많이 먹거나 질병을 앓아 죽게 되면 모두가 자연(대지)으로 돌아가게 되기 마련이다. 시인은 이 두 가지를 하나로 엮어 시적으로 표현하고 있다. 별개의 두 가지를 하나로 통합한 것이 이 시의 매력 포인트다. 이는 시인의 시창작 역량이라고 간주된다. 아무튼 이 두 가지의 공통점은 '재미'다. 시인이 어렸을 때 어머니의 부름에 즉각 응하지 않은 것은 어머니가 싫어서 그런 것이 아니라 동무들과 노는 데 팔려서 그랬던 것이다. 그리고 나이를 먹은 지금은 설령 외롭고 고달플망정 그래도 살아 있는 것이 좋고 삶의 재미가 있기에 그런 것이다. 또한 아직 할일이 많이 남아 있기 때문에 어머니의 부름에 응하지 않고 있을 따름이다. 어려서는 동무들과 재미있게 노느라고 대답만 해놓고 곧바로 귀가하지 않아 생전의 어머니를 애태우기도 했을 것이다. 그렇지만 이제는 나이를 먹었어도 죽지 않는 것은 돌아간 어머니를 애태울 일이 전혀 아니다. 그런즉 시인은 앞으로 건강관리를 철저하게 잘해서 장수하는 가운데 마땅히 할 일들을, 그리고 하고 싶은 일들을 부지런히 해서 무엇인가 값진 것들을 하나라도 더 남기도록 힘쓰는 것이 진정한 효도가 아닐까 싶다.

 대개 자녀들은 아버지에 대한 애정과 관심보다 어머니에 대한 사랑이 짙은 경향이 있다. 그런데 이순희 시인은 아버지에 대한 연민의 정을 유별나게 지니고 있는 성싶다.

> 소년은 그곳에 있었다
> 담장마다 하양꽃 노랑꽃 빨강꽃 피고
> 연두색 싱싱한 옷 입은 나무들과
> 절묘한 조화 이루고 있는 향긋한 4월
> 황산대교 지나 충남 부여군 세도면 청포리
> 까막까치 목청 높여 우짖는 토정마을
> 야트막한 산 아래 대숲으로 둘러싸인 초가집
> 구릿빛 얼굴에 눈빛 총총한 소년은
> 다섯 살 적 어머니 여의고
> 홀로 된 아버지와 살고 있었다
> 일터로 나간 아빠 기다리다
> 지루하고 심심한 소년은
> 마을 휘돌아 흐르는 강가로 나가
> 조개와 게 잡으며 놀았다
> 휘어진 버드나무 제 멋에 겨워
> 살랑살랑 몸 흔들면
> 잔잔한 강물에 초록빛 파문 일고
> 너럭바위 누워 바라보던 석양
> 작은 가슴에 타오르던 검붉은 노을
> 땅거미 지고 밤이 찾아들면
> 진달래 한아름 손에 들고
> 사립문 열고 들어오는 아버지 보자
> 눈물 왈칵 쏟아졌다
> 아버지 팔베개에 얼굴 묻고
> 엄마가 불러주는 천상의 자장가 들으며
> 꿈나라로 빠져들었다
> 온 누리에 꽃 피고 새 우는 산뜻한 봄날

아버지 어머니 손 꼭 잡은 소년은
산 넘고 물 건너 논두렁 밭고랑 따라
해 뜨는 언덕 너머 무지개 뜨는 곳
푸른빛 속으로 사라져 갔다

―「아버지의 강」 **全文**

이 시「아버지의 강」속에는 소년의 딱하고 외로운 모습이 소상하게 그려져 있다. 어려서 '소년은/다섯 살 적 어머니 여의고/홀로 된 아버지' 밑에서 외롭게 자랐다. 소년은 일터에 나간 아빠를 기다리다가 '지루하고 심심'하면 '강가로 나가/조개와 게 잡으며 놀았다' 그런데 그 홀아버지마저 소년이 10살 때쯤 돌아가는 바람에 유·소년기를 너무나 눈물겹도록 측은하고 열악한 환경 속에서 어렵게 보낸 아버지의 짧은 진술을 토대로 시적 상상력을 발휘하여 재구성한 가상적 이야기다. 불우한 여건 아래서 자란 그 소년은 성인이 되어 한 가족의 가장으로서 성실하게 아버지 역할을 충실히 수행해준 것이다. 즉 참으로 서럽게 성장한 아버지가 평생 논밭에서 중노동으로 시인을 비롯한 여럿이나 되는 자녀들을 별 탈 없이 거뜬하게 키워준 것이다. 시인은 부모로서의 기본책무와 구실을 톡톡히 해준 아버지의 고달픈 삶의 역정(歷程)에 측은지심과 함께 연모의 정을 진하게 느낀 것이다. 그래서 시인은 그런 자기 아버지가 너무나 고맙고 자랑스러우며 존경스럽게 여겨졌던 것이다.

어쩌면 시인은 어렸을 적 다분히 봉건적이고 보수적인 사회풍조 내지는 당시 만연되던 남아선호의식에 따라 아버지가 혹시 딸인 자기를 편애했다고 오해했을 수도 있다. 그렇지만 부모의 입장과 심정은 막상 자기도 결혼하여 자녀를 낳은 부모가 되고 부모의 나이가 되어보아야 이해될 수 있는 법이다. 아마 시인 자신도 예전의 아버지 또래 나이가 된 어머니로서 아이들을 양육하고 교육을 시키는 과정에서 갖가지 어려움을 겪게 되었을 것이다. 그러다가

보니, 부모로부터 물려받은 것이 하나 없이 무려 6남매나 둔 부유하지 못한 농부가장인 아버지가 부득이 자기의 학업을 제대로 밀어주지 못한 부모로서의 안타까운 입장과 딸한테 미안하고 괴로웠을 심정을 헤아려지게 되었음직하다. 다시 말해서 지난날 야속하게 여겨졌던 부모를 향한 원망과 서운함은 세월이 흐른 뒤에 시인도 아이들을 낳고 나이를 먹는 새 정신적 성숙을 통하여 비로소 역지사지(易地思之)의 여유가 생기지 않았나 싶다. 이로써 아버지에 대한 섭섭함과 맺힘이 풀리고 내적 화해가 이루어진 성싶다.

그리고 시인은 오빠의 죽음에 대하여 다음과 같은 만가(輓歌)를 쓰고 있다.

> 강 건너 작은 마을 그림 같은 하얀 집
> 몽글몽글 피어나는 안갯빛 그리움
>
> 고향집 냇둑에 서 있던 은행나무
> 찬비에 젖어 떨고 있는 노오란 은행잎
>
> 가지 말라고 가지 말라고 목 놓아 외쳐 불러도
> 꽃구름 타고 떠나간 오빠 그 저녁 돌아오지 않았다
>
> <u>문풍지 흔들며 절규하는 하늘 숨죽여 울던 긴 긴 밤</u>
> 밤 새도록 비가 내렸다 오빠는 말이 없고
>
> 이렇게 비 오는 밤이면
> 여린 내 가슴에 뜨거운 눈물의 강이 흐른다
> ―「비가悲歌」全文 (밑줄-筆者)

언뜻 월명사(月明師)의 「제망매가(祭亡妹歌)」가 연상되는 애절한 추모시다. 시인한테는 바로 위에 오빠가 있었다. 그러나 그 오빠는 고등학교를 졸업한 후, 약 20살쯤 청년기에 세상을 떠나고 말았다. 요절(夭折)한 오빠의 죽음은 시인이 세상에 태어난 이래 처음 맞이한 죽음이었던 셈이다. 타인의 죽음에 대한 정서반응 및 심리적 지진의 강도는 자기와 가까운 인간관계를 맺고 있는 사람의 죽음일수록 그 슬픔의 정도가 강하고 심적 파장이 증폭될 수밖에 없는 노릇이다. 한창 감수성이 예민한 사춘기에 졸지에 겪은 혈육인 오빠의 죽음은 도무지 믿겨지지 않고 또 받아들이기 힘들 만큼 엄청난 충격 그 자체였을 것이다. 든든했던 혈육인 오빠의 죽음은 첫째 마음이 곱고 여리며 혈육애가 남달리 진한 시인으로서 너무나 마음이 아팠을 것이다. 둘째 그 죽은 오빠는 선하고 자상한 성격의 소유자였기에 바로 아래 여동생인 시인을 무척 예뻐 했다고 하기에 연민의 정이 정말 애절하였을 것이다. 셋째 물론 딸들 중에서는 맏이지만 6남매 가운데 두 번째였던 시인이 맡아 들이었던 오빠의 죽음으로 말미암아 본인의 의사와는 전혀 무관 하게 앞으로 남은 5남매 형제들 중 혈육인 4명의 동생들을 이끌어야 하는 맏이 된 것이다. 이에 대한 막중한 책임을 떠맡게 된 중압감 때문에 한층 더 서글픔이 절감(切感)되었을 것이다. 넷째 여기에다가 자녀 중 맏딸로서 훗날 부모님을 앞장서서 섬겨야 하는 부담감이 시인의 어깨를 짓눌러댔을 것이다. 그러기에 이런 몇 가지 연유로 오빠의 죽음으로 인한 시인의 슬픔은 애통하기가 이루 헤아릴 수 없었을 정도로 컸을 것이다. 또한 시인은 그동안 살아오면서 문득문득, 특히 '비 오는 밤이면/여린 내 가슴에 뜨거운 눈물의 강'이 흐르는 통에 죽은 오빠에 대한 그리움과 연민의 정이 해일처럼 걷잡을 수 없이 밀려와 요동(搖動)치곤 하였을 것이다. 시인의 아름답고 애틋한 혈육애의 발로가 아닐 수 없다.

5. 자연사랑(자연친화)

앞에서 살펴본 바와 같이 이순희 시인의 시는 외로움과 그리움으로 점철되어 있다. 주시해 봄직한 문제 내지는 우리의 관심사는 외로운 단독자 처지에 놓였을 때 당사자인 주체가 그 속에 그냥 안주하고 말았느냐 아니면 적극적인 의지로써 이로부터 어떻게든지 탈출하려고 분투했는가라는 문제로 귀결될 수 있다. 즉 그에 대처하는 자세 및 극복 여부가 관건인 것이다. 이때 시인은 슬기와 지혜를 발휘하여 시인만의 강인한 자애정신에서 발동된 투지로써 그 외로움으로부터 애써 벗어나려는 초극의지를 유감없이 보여주고 있다.

그러면 이순희 시인은 운명처럼 봉착된 외로움과 슬픔을 어떻게 슬기롭게 대처함으로써 극복했는가에 대하여 살펴보기로 하자.

미리 밝혀 두는 바, 이순희 시인의 경우에는 자연친화, 종교에의 귀의, 애완동물 기르기, 문학과의 만남 등을 통해서 나름대로 의지적이고 적극적인 자세로써 부단히 운명적인 외로움을 극기하고 슬픔의 늪으로부터 탈출하고자 노력한 것으로 보아진다.

우리 모두는 자연에서 와서 종내는 누구나 자연으로 돌아가는 서글프고 덧없는 숙명적인 존재다. 자연이야말로 우리 인간의 본향인 것이다. 예나 지금이나 자연은 사람이 인간사의 냉정하고 치열한 생존경쟁에서 실패하고 밀려나 좌절과 체념에 빠지거나 현실에 권태나 회의를 느끼게 되거나 어떤 막강한 세력을 가진 강자한테 쫓기는 긴박한 상황에 처하면 안도의 숨을 쉴 수 있도록 도피처를 제공하기도 한다. 그리고 사람들은 현대의학으로도 치유할 수 없는 중병에 걸려 죽음의식에 시달리는 막다른 골목에 봉착되었을 경우에 모든 것을 내려놓고 마음을 비운 채 마지막 수단으로 심적 안식처인 자연(自然)에 귀의해 오직 하늘이나 신(神)에게 맡기는 경향이 있다. 고려가요 「청산별곡」이나 TV 인기프로그램 <나는 자연인이다>가 이를 잘 대변해주고 있다.

다음 시는 시인이 처한 형편과 심정을 가늠케 하는 작품이 아닌가 싶다.

> 시름으로 지친 그 긴 밤 참아내고/살포시 옷고름 풀고 있다/
> 내일쯤은 열어젖힐 요량이다//그리움으로 칭칭 감아/고이 묻어둔 가슴/청상여인의 소복차림//기다림으로 꽁꽁 얼려/
> 보고픔에 멍든 가슴/심장 터트린 핏빛
>
> ―「목련」 2~4연

시인은 엄동설한(嚴冬雪寒)을 버티어내고 꽃이 필 날을 기다리는 개화 직전의 목련을 노래하고 있다. 목련을 소복차림의 청상과부(靑孀寡婦)에 빗대고 있다. 강추위로 견디기 어려운 한겨울을 모질게 참아낸 '목련'에 시인 자신의 고달프고 서글픈 운명과 처지를 감정이입(感情移入)시키고 있다. 그런즉 '목련'은 외로움과 그리움으로 인고의 세월을 '시름으로 지친 그 긴 밤 참아'낸 곧 시인 자신을 표상하는 객관적 상관물인 것이다.

흔히 고독하고 상처받은 사람들은 자기 자신의 외로움과 괴로움을 달래고자 그 방안의 하나로 자연을 찾기도 한다. 우리는 멋진 자연을 바라보고 있노라면 그 아름다움과 향기로움과 오묘함과 신비로움에 매료되고 도취될 수도 있다. 자연 속에서 삼라만상(森羅萬象)의 변화무쌍한 모습을 관찰하고 절경이나 아름다운 꽃을 완상하며 새소리, 바람소리, 물소리 따위를 들음으로써 시각과 청각을 즐겁게 하면 기분전환의 효과를 맛볼 수 있다. 또한 사람이 이런 자연과 친해지고 자연에 귀화하면 세속에서의 뒤숭숭하고 혼란스런 마음을 차분히 가라앉히고 안정시켜주는 도움을 받을 수 있다. 이것은 감명 깊은 명화(名畵)를 감상하고 심금을 파고드는 명곡(名曲)을 감상하면 기분이 한결 좋아지고 카타르시스 효과를 거둘 수 있는 것과 마찬가지 원리다. 그래서 예로부터 사람들은 현실적으로 일상생활을 영위하다가 몹시 피곤하고 상처를 받았을 경우에는 자연을 찾곤 한 것이다. 그리고 믿었던 사람으로부터 배신을 당했거나 사랑하는 사람과의 이별(離別)이나 사별(死別)을 당하여 그리움과 외로움 때문에 도저히 견디기 어려울 정도의 깊은 상처를 받게 되면 자연을 곧잘 찾기도 하였다. 또 인생실패로 인한 처절한 쓴맛을 보거나 혹은 불치성(不治性)이나 난치성(難治性) 따위 고약하고도 고질적인 중병(重病)으로 말미암아 삶에 대한 의욕을 상실하고 인생무상을 깊게 느낀 나머지 최후 찾을 수 있는 대상은 바로 자연(自然)이었다.

　이처럼 사람이 살다가 외롭고 괴로운 심리상태에서 자연을 찾아가는 행위는 슬프고 폭폭하고 찌들고 우울한 심정을 위로받고 여과시켜주는 헹굼의 구실 내지는 치유의 방안이 될 수 있다. 그리고 자연은 정신적으로 지치고 괴로운 영혼의 쉼터가 될 수 있는 동시에 육체적으로 리듬이 무너진 환자들의 마지막 벗이 되어줄 수 있는 최후의 요양원 내지는 호스피스병동 같은 구실을 하기도 한다. 이렇게 자연은 정신적으로 흔들리고 육체적으로 건강을 상실한 환자에게 갱생(更生)의 용기와 희망을 제공하고 잃어버린 삶에 대한 욕구를 다시 불러일으키는 재충전소 역할을 수행하기도 한다. 특히 자연은 지나치게 성취욕이 강렬했던 사람에게 긴장을 이완시켜주고 과욕을 버리고 내려놓게 하는 스승이 되기도 한다. 이와 같이 자연은 현실에 찌든 사람들에게 삶의 여유와 평정심을 안겨주고 비타민과 같은 활력소 구실을 하기도 한다. 따라서 산이나 바다나 강 따위 자연은 우리들에게 제공하는 휴게소요 찜질방이요 사랑방이요 낙원이요 정신적 본향 역할을 하는 참으로 소중하고 보배로운 존재인 것이다. 요컨대 자연(自然)이야말로 지치고 병든 삶에 휴식과 안식과 평화를 선사하는 정말 고마운 존재인 것이다. 그러니까 자연은 신(神)과 같은 존재나 마찬가지다. 그리고 자연은 생명의 근원지인 아버지와 어머니 같은 존재요 형제요 스승이요 벗이요 정겨운 이웃 같은 존재인 것이다.

홀로 외롭게 되고 질병에 보대끼게 된 이순희 시인은 우선 심적 안정과 동시에 건강유지 방안이 시급했을 것이다. 그래서 시인은 들과 내(川)과 산과 바다 따위 자연을 찾아다님으로써 마음의 위안을 받고 평정을 되찾고자 힘써온 성싶다. 이때 시인은 건강관리 차원에서 저녁 무렵 산책을 통하여 석양과 노을 따위를 관찰하기에 재미를 붙이고 이와 곁들여 새벽이나 아침 산책을 즐긴 성싶다.

이순희 시인은 석양을 유난히 좋아하고 저녁노을을 무척이나 선호하고 있다.

붉다 못해 검게 그을린 해
서산마루 걸려
심호흡하고 있었다

도시의 한복판 태워 버릴 듯
뜨겁게 타오르더니
귀가길 함께 가자며 따라붙었다

산 넘고 물 건너 지쳐
아파트 숲 사이에서
땀범벅 얼굴 씻고 있었다

못 본 척 딴 데 시선 두고
버스 안에서 잠깐 잠든 사이
더는 따라오지 않았다

석양이 남기고 간 고단한 하루
　　저녁노을 속으로 흩어져
　　강물로 유유히 흐르고 있었다
　　　　　　　　　　　　　　－「석양夕陽」全文

　하루 종일 삼라만상에 빛과 열을 선사하고 지는 해는 참으로 아름답다. 지상의 모든 생명체들에게 사랑을 고루 베풀어야 하는 태양으로서 맡은 바 사명과 책무에 대해서 자기의 역할과 몫을 충실히 마치고 서산마루에 걸린 석양은 그야말로 아름답고 거룩하기만 하다. 특히 서산으로 넘어가기 직전에 지는 석양에 의해 하늘을 아름답게 물들이는 노을은 언제 보아도 황홀하다. 아름다운 노을은 태양이 흡사 세상 사람들을 향하여 마지막 선물을 선사하듯 무한한 사랑을 베푸는 카드섹션이 아닌가 싶다. 실로 거룩한 석양과 아름다운 노을은 자기의 사명과 책무를 완수한 성인(聖人) 내지는 가인(佳人)을 연상시킨다. 시인은 이런 석양과 노을을 너무나 좋아하고 있다.
　시인은 하루 중 저녁 무렵이면 산책을 나가 석양에 의한 노을의 아름다움에 매료된 나머지 이에 대하여 감탄하고 있음을 여러 시편에 걸쳐서 노래하고 있다.

　　저녁 무렵 아차산
　　붉게 타는 홍옥 물고 있었다
　　　　　　　　　　　　－「아차산峨嵯山 연가」1연

　　너럭바위 누워 바라보던 석양
　　작은 가슴에 타오르던 검붉은 노을
　　　　　　　　　　　　－「아버지의 강」中

산 그림자 길게 드리운 성치산
저무는 저녁 해
활활 타오르고 있었다
　　　　　　　　　　－「성봉 가는 길」끝부분

태양이 남기고 간 붉은 땀방울
서녘 하늘에 곱게 번지는 노을빛 바다
머뭇거리던 석양 마지막 열기로
활활 타오르다가 서서히 식어가고 있었다
　　　　　　　　　－「백마강 억새밭에서」앞부분

석양이 머물다간 흔적
오색물감 뿌려 놓은 비단강
신의 손끝으로 그린 걸작
　　　　　　　　　　　－「백마강의 밤」中

석양이 그려 놓고 간 그림 한 장
검푸른 하늘에 노을강 흐른다
　　　　　　　　　－「빛과 어둠 사이」2연 中

두 개 봉우리로 갈라진 바위산
노을 흩이며 지는 해와 숨바꼭질하고 있었다
　　　　　　　　　　　－「마이산馬耳山」中

　위 시편들을 통해서 알 수 있듯이 시인은 석양이 지는 저녁 무렵이나 노을이 번지는 아름다운 초저녁에 산책하기를 매우 즐긴 것 같다. 이처럼 시인이 석양과 노을을 선호하고 있는 것은 시인 자신도 이타주의적인 삶을 지향하면서 살아가다가 훗날 언젠가 신께서 부르시는 날 자기의 책무와 사명을 톡톡히 마친 석양이 베푸는 저 아름다운 노을처럼 남은 사람들에게 마지막 선물을 건네고서 이승을 떠나고 싶은 소망이 담겨 있는 것이 아닌가 싶다.

그리고 이순희 시인은 새벽이나 아침 산책을 즐겨했던 것 같다. 특히 시인은 비가 온 이튿날 새벽이나 아침에 시골길 걷는 것을 퍽 선호한 성싶다. 이 점에 대해서는 뒤에서 상세히 살펴보기로 하고 여기선 일단 묻어두기로 하자.

그런데 우리는 시인이 새벽이나 아침에 산책을 자주 나선 데서 지난밤에 잠을 편히 이루지 못했음을 어렵지 않게 감잡을 수 있다. 이 점은 다음 시구(詩句)들을 접하면 확연히 드러날 수 있다.

<u>하얗게 지샌 밤</u>
아침 이슬에 세수하고
엄마 사랑 기다리는
노란 꽃 애기똥풀

―「아침 산책」 3연

<u>뜬눈으로 지새운 밤</u>
안개 자욱한 새벽
조용히 집 나와
토성길 걸었다

―「여명黎明의 기도」 1연

<u>잠 못 들고 뒤척이는 밤</u>
여류시인이 들려주는
하모니카 연주에 평정되고

―「겨울 밤바다」 5연

저리 눈 쌓이려고
<u>잠 못 들고 뒤척이던 긴 지난밤</u>
등불 환히 밝힌 시인

밤새워 시 쓰고 있다

―「첫눈」 2연

시름으로 지친 그 긴 밤 참아내고
살포시 옷고름 풀고 있다
내일쯤은 열어젖힐 요량이다

―「목련」 2연

열대야로 지샌 긴 밤
창 열고 엿듣는
가녀린 풀벌레 울음

―「가을이 오는 소리」 4연

　이상의 시편들을 통해서 미루어 짐작컨대, 시인은 밤에 숙면을 취하지 못한 때가 왕왕 적지 않았던 성싶다. 아마 몸이 아프고 걱정이 많은 시인은 이러저러한 번민과 고뇌와 질병으로 인한 심리적인 불안감 때문에 잠을 편히 이루지 못하고 몸부림치다시피 시달리면서 날이 밝아오기만을 학수고대한 것 같다. 이처럼 시인은 비교적 빈번하게 설치거나 뜬눈으로 뒤척이다가 먼동이 터오기만 지겹게 기다렸다가 새벽이나 이른 아침에 산책을 나간 때가 많지 않았을까 가늠된다.

　사람들은 누구나 저마다의 사연과 크고 작은 아픔과 설움을 끌어안은 채 살아가는 것 같다. 때로는 혼자 있는 밤에 외롭고 그리워서, 또는 서럽고 괴로워서 잠 못 이루고 밤새 고뇌하고 서럽게 흐느끼다가 날을 꼬박 샐 수도 있다. 시인의 경우는 이런 날이 비교적 남들보다 수시로 잦았던 성싶다. 만일 자기 자신의 건강이 날로 점차 나빠지고 서서히 꺼져가고 있으며 죽을 때가 가까이 다가오고 있다고 자의식하게 되면 잠이 왔겠는가? 또한 심지어 언제

어디서 갑자기 죽을지도 모른다는 위기의식과 강박관념에 사로잡혀 몹시 불안하고 초조하게 되면 좀처럼 잠을 이룰 수가 없었을 것이다.

자고로 눈물로 밤을 새워보지 못한 사람과는 인생을 논하지 말라고 하였다. 시인은 '문풍지 흔들며 절규하는 하늘 숨죽여 울던 긴 긴 밤/밤이 새도록 비가 내렸다'(「비가(悲歌)」 中)를 위시해서 퍽 많은 날들을 불면증 또는 자의로 꼬박꼬박 지새우곤 했던 성싶다.

우리는 앞서 예시한 시구(詩句)들을 통해서 시인은 자기 자신의 악화되어 가는 건강상태에 대한 강박감과 초조감과 위기위식으로 인한 갖가지 감당하기 힘든 걱정과 번뇌와 두려움에 사로잡혀 잠을 못 이루고 혹독하게 심적 몸살을 앓았음을 여실히 엿볼 수 있다. 특히 밑줄친 '하얗게 지샌 밤' '뜬눈으로 지새운 밤' '잠 못 들고 뒤척이는 밤' '잠 못 들고 뒤척이던 긴 지난밤' '시름으로 지친 그 긴 밤 참아내고' '열대야로 지샌 긴 밤' 등 부분에 잠시 시선을 멈추고 유심히 들여다볼 필요가 있다. 이렇게 시인이 밤에 이래저래 불면증 때문에 뜬눈으로 지새웠다는 것은 그만큼 상황과 조건에 퍽 민감하고 불안과 초조와 번뇌와 시련에 매우 시달려왔음을 말해주고 있다.

왜 아니겠는가? 만일 자기의 몸이 '시나브로 꺼져 가는' 것을 자각하고 자의식하게 된다면 누구를 막론하고 편히 잠을 이룰 수 있을 리 만무다.

　　시나브로 꺼져 가는 몸
　　내 영혼 낙엽으로 떠돌고 있을 때
　　지금보다 조금 더 맑은 영혼과
　　온전한 몸으로 회복되기 간구하며
　　천국이 내 안에 있어

하나님 뵈옵는 날
기뻐 뛰며 춤추리다

　　　　　　－「오산리기도원에서」 中

　심리적으로 너무나 쫓긴 이때, 시인은 지난날 처녀 시절에 만났던 하나님과의 재회가 이루어진 것 같다. 하나님과의 만남은 젊어서 처음엔 외로워서 만났다면, 오랜 세월이 흐른 뒤 이참에 아파서 다시 만난 것은 생사의 갈림길 앞에서 이루어진 해후(邂逅)였던 것이다. 이런 하나님과의 재회는 전보다 더 간곡하고 애절하며 애통하고 절박한 상황에서 성사된 만남이었다고 보아진다. 시인은 자기가 온 몸과 온 마음으로 섬기게 된 하나님께 '지금보다 조금 더 맑은 영혼과/온전한 몸으로 회복되기 간구하며' 매달렸던 것이다.
　실상 우리 모두는 생성소멸(生成消滅) 내지는 생자필멸(生者必滅)이라는 대자연의 냉혹한 질서와 준엄한 神의 섭리에 따라 때가 되면 결국 죽게 되는 한시적이고 유한적인 존재에 지나지 않는다. 그러기에 누구를 막론하고 훗날 때가 되면 반드시 죽고 말 서글픈 숙명을 지고 있는 참으로 가련하고 덧없는 우리네 인생이다. 그럼에도 불구하고, 우리는 자기가 영원히 사는 존재로 착각하고 살아가기 일쑤다. 그래서 동시대 다른 사람이 죽어도 그것은 남의 일로만 여겨지고 대수롭지 않게 넘기면서 살아가는 것 같다. 그렇지만 막상 죽음이 자기한테 닥칠 경우에는 상황이 달라질 수밖에 없을 것이다. 사람은 나이를 많이 먹어 황혼기로 접어들거나 회복이 거의 불가능한 악성질병에 걸리게 된다면 누구나 죽음의식에 시달리게 되기 마련이고 심한 공포감과 두려움에 갇히게 될 것이다. 그러면 인생이 너무나 허무하고 부질없게 느껴질 것이다. 또한 만사가 귀찮게 여겨지고 무기력하게 되며 자괴감에 빠지기 쉽다. 이렇게 사람은 자기의 생명이 점점 꺼져가고 있다고 자의식되고 자각하게 되면 현실이 너무 외롭고 지독할 정도로 심신이 아프고 서글프며 억울하고 괴로워서 점차 지치게 될 수밖에 없는 노릇이다. 끝내 막다른 한계상황에 봉착하게 되면 사랑과 꿈을 송두리째 상실한 채 절망감 때문에 삶의 의미와 의욕마저 잃고 자포자기 내지는 체념해버리고 인생무상에 깊숙이 젖어들게 되고 말 것이다. 그리고 이런 극도의 비애감과 허무감과 절망감으로 말미암아 심리적 안정과 균형이 무너지는 극도의 불안과 초조와 번뇌에 불면증을 야기하기 일쑤다. 그리고 죽음의식에 갇히게 되고 설사 설핏 잠들었다 해도 악몽 때문에 빈번하게 시달리게 되어 도로 깨는 통에 거의 단잠을 이룰 수 없게 되기 마련이다. 이럴 경우 당사자는 우울한 감정에 사로잡혀 자기의 존재가치 내지는 자기정체성을 상실하기 십상이다.

 이순희 시인도 이제 중년기로 접어들었다. 시인은 혼자 지내고 여기에 질병에 눈물겹게 시달려왔다. 시인은 현실적으로 육체적으로나 정신적으로나 심신이 무척 버겁고 고달프며 서글픈 삶을 영위하고 있는 실정이었다. 시인의 경우처럼 오래 질병을 앓고 있는 사람은 자기의 건강상태에 민감하고 보통사람들보다 죽음에 대하여 자주 생각하게 되며 더 깊이 불안과 초조가 심각하게 엄습되기 마련이다. 시인은 쉽사리 호전되지 않는 질병으로 인하여 자기의 생명이 언제 끊길지도 모른다는 극심한 불안과 초조와 강박감에 호되게 보대껴온 성싶다. 이런 조바심과 강박감은 육체적·정신적 아픔을 터놓고 호소하고 따뜻한 위로를 받으며 항상 함께 해줄 만한 사람이 곁에 없었기에 자기의 불행한 운명과 불우하게 된 처지가 한층 더 서글프고 가혹하게 체감되었으리라 여겨진다. 이럴 경우, 자기 연민과 동정에 사로잡혀 가일층 심약해져 자기가 고독사(孤獨死)를 당할지도 모른다는 초불안감과 초강박감에 시달릴 수도 있다. 사실 '자기'라는 존재가 죽어 영원히 없어진다는 것은 참으로 절통하게 슬프고 끔찍하게 겁나며 몸서리치게 무서운 일이 아닐 수 없다.

　그리고 사람이 외롭거나 몸이 아픈 환자들은 밤이 되면 더 외로움이 급습해오고 통증이 해일처럼 밀어닥치며 고통이 더 심하게 가중될 것이다. 그런즉 '밤'은 외롭고 몸이 아픈 환자들한테는 정말 두렵고 지긋지긋한 대상일 수밖에 없을 것이다. 시인처럼 불면증에 걸려 잠을 쉽게 이루지 못하는 사람은 밤이 너무나 길게 느껴지고 지겨워서 제발 어서 아침이 오기만을 애간장이 탈 정도로 기다려지게 되기 마련일 성싶다.

　다른 한편 시인이 밤을 새운 것은 밤의 시간을 선용하고자 본인의 의지로 잠을 안 잤을 수도 있다. 물론 시인은 건강이 회복되지 않는 걱정과 근심으로 인한 불안감과 초조감과 우울증 때문에 불면증 환자에 가깝게 수면을 취하지 못하고 밤을 꼬박 새우기도 한 적이 잦았을 것은 부인할 수 없는 사실임에 거의 틀림없다. 시인이 이러저러한 근심과 고뇌 때문에, 더러는 외로워서 숙면에 들지 못한 밤이 비일비재했을 성싶고 설령 잠이 들었다가도 중간에 도로 깬 경우도 자주 있었을 것 같다. 또한 때로는 갈증이나 생리적인 현상 때문에 깨었다가 곧바로 다시 잠이 오지 않은 경우도 종종 있었을 것이다. 그렇지만 매사 적극적이고 욕심이 많은 시인의 성향을 감안할 때 밤 시간을 잠으로 소비하는 것이 퍽 아깝다고 여겼을 수도 있다. 그래서 시인은 밤 시간을 보다 생산적이고 창의적인 창작활동에 효과적으로 활용하기 위한 자의적인 의지로 잠을 자지 않고 무엇인가 활동을 한 때가 많았을 것으로 짐작된다. 이 점은 다음 시들이 여실히 대변해주고 있다.

　　어쩌다 좋은 시 만나면
　　어린아이처럼 설레는 가슴

시와 함께 잠들고
시와 함께 눈 뜬다

―「시낭송가의 꿈」 2연

고요한 새벽녘
좋은 시 만나면
낭송하고 싶어
배경음악 찾는다

―「주홍글씨」 앞부분

긴 밤 지새우게 하고
민낯 드러내지 않아 궁금하게 하고
깊은 바다로 빠지게도 하고
비 오는 날
빗속에서 눈물로 시 쓰게 하고

―「시詩, 너와 친해지고 싶다」 3연 中

  위 예시한 시구(詩句)에서 엿볼 수 있는 바, 시인은 밤에 시낭송 동영상 제작활동을 하고 밤을 새워가면서 시창작활동에 열중했던 것이다. 시인은 시낭송에 필요한 작품(시, 성경 등)을 선정한다거나 선정한 작품을 여러 차례에 걸쳐 시낭송 연습을 거듭하느라고 잠을 안 잤을 성싶다. 그리고 낭송대상 작품(시)에 잘 어울릴 수 있는 적절한 배경음악을 애써 고르거나 여기에 조화를 이룰 수 있는 배경사진을 열심히 찾느라고 수면을 취하지 않았을 것 같다. 또 낭송대상 시와 잘 어울릴 만한 음악으로 뽑은 것을 배경음악 삼아 수차례씩 연습해 녹음한 것들 중에서 마음에 드는 것을 낭송 완성작으로 결정하느라고 잠을 안 잤을 것이다. 더러는 낭송완성작에 배경사진을 합해 최종적으로 시낭송 동영상제작 작업을 하느라고 역시 잠을 안 잔 때도 있었을 것이다. 이 밖에도 완성된 시낭송 동영상을 주변 친지들에게 일일이 발송하느라고 잠을 안 잔 경우도 있었을 것이다. 그런가 하면 때로는 밤을 새워가며 시를 쓰기도 하고 또는 유서를 쓰는 기분으로 하고 싶은 말을 노트에 기록하기도 했을 것이다. 때로는 완성된 영상물이나 집필한 글 따위를 시인이 운영하는 개인카페나 블로그에 탑재하느라고 밤 시간을 많이 소요하기도 했을 것으로 짐작된다. 때로는 밤이 조용하고 호젓해서 혼자만의 시간을 즐기고 사색에 잠겨 자아를 냉철하게 들여다볼 수 있는 자아성찰의 시간을 갖기도 하였을 것이다. 이처럼 시인은 '주어진 시간을 잘 활용하기 위해 오늘을 마지막 날인 것처럼 살았습니다.'(「시인의 말」中)고 천명하고 있다. 이 말은 1차적으로 시인이 잠자는 시간조차 아까워 '주어진 시간을' 최대한 효과적으로 선용하고자 힘썼다는 것을 의미한다. 이는 시인이 그만큼 치열하게 살았다는 사실을 밝히려는 의도임에 틀림없다. 다른 한편 시인이 이렇게 잠을 자지 않고 부지런히 생산적이고 창작적인 활동작업을 강행한 데에는 질병으로 말미암아 자기의 몸 상태가 점점 더 건강이 악화되고 머지않아 죽을지도 모른다는 심리적인 불안감과 초조감 때문이었다. 이와 같이 시인은 자기의 수명이 얼마 남지 않았다는 강박감에 갇힌 조바심으로 인하여 너무 시간적으로 허겁지겁 쫓기면서 잠을 자지 않고 하고 싶은 일을 서둘러 속행한 것이 아니었나 싶다. 그리고 시인은 자기의 정신건강상태가 앞날에도 온전하게 유지된다는 보장을 할 수 없다는 우려에서 좀 더 의식이 또렷할 때 시간을 보다 알뜰하게 선용하고 싶었을 것이다. 따라서 시인은 현재 이만큼이나마 육체적·정신적 건강이 유지될 때 무엇인가 하나라도 더 보고 더 느끼고 더 남기고 싶은 강한 욕망에서 밤을 꼬박꼬박 지새가면서까지 시를 쓰고 하고 싶은 말을 남기고자 글을 열심히 쓰느라고 잠을 일부러 자지 않았을 수도 있다고 보아진다. 하기는 시인이 이같이 충분한 수면을 취하지 않고 몸을 혹사하다시피 무리하게 강행한 행위는 건강을 악화시키는 과오를 자행한 꼴이 될 수도 있었을 것이다. 그렇겠지만 한편으로는 자기 삶의 의미와 당위성을 부여받게 되고 좀 더 오래 살아남아야 하겠다는 자애심리가 반사적으로 한층 강화되고 새롭게 삶의 의욕을 북돋는 시너지효과를 가져오기도 하였을 것임에 분명하다. 아무튼 시인은 불행 중 다행으로 이만한 건강이 유지되고 기억력과 판단력이 더 악화되기 전 그나마 온전한 정신상태일 때 쓰고 싶은 글을 집필하고 시낭송을 녹음해 동시대 이웃들과 공유하며 하고 싶은 일을 추진하고자 시인 자신이 의도한 의지에 따라 잠을 자지 않고 강행하기도 한 것 같다.

앞에서 이미 언급한 바와 같이 이순희 시인은 밤에 잠을 자지 못하거나 일부러 자지 않고 새날이 밝아오기만을 기다렸다가 새벽이나 아침에 산책을 곧잘 나서지 않았나 싶다. 시인은 잠을 못 이루는 지겨운 밤에 어둡고 한정된 닫힌 공간으로부터 밝고 넓고 열린 공간으로 탈출하고 싶은 욕구가 강렬하게 치솟았을 것이다. 그래서 시인은 날이 밝아오는 대로 기다렸다는 듯 이른 시간에 밖으로 나가 산책하기를 퍽 선호하였던 것이다. 사람은 빛이 어둡고 한정된 닫힌 공간인 실내를 벗어나 밝고 너른 열린 공간인 밖으로 나가면 기분이 달라질 수 있다. 인위적인 문명에 의한 조명에 의지하는 답답하고 막힌 좁은 공간인 실내에서 어둠이 걷힌 밝은 시야가 시원하게 확 뜨인 대자연의 너른 공간인 들녘이나 야산 따위에서 신선한 바람을 쐬고 맑은 공기를 마시면서 꽃이 핀 시골길을 걸으면 기분이 상쾌하게 전환될 수 있기 때문이다. 그러기에 시인은 밤에 불면증에 시달리다가 또는 무엇인가를 열심히 하다가 날이 밝아오기 무섭게 밖으로 나가 새벽이나 아침에 거의 습관적으로 주거지 주변의 시골길이나 야산 오솔길을 산책 삼아 자주 걸은 것 같다. 특히 시인은 유난히 비가 온 다음날 어둠이 가시고 산천

이 산뜻한 새벽이나 아침에 산책하기를 좋아한 성싶다.
 다음 시에 시인이 비가 온 이튿날 아침에 산책을 즐긴 면모가 그대로 나타나 있다.

> 밤새 내리던 비 그치고
> 눈 시린 파란 하늘
> 정원에 드리운
> 초록빛 아침 햇살
>
> 이팝나무 그늘 아래
> 조잘대는 새들의 노래
> 은빛 선율 타고
> 온 마을을 깨운다
>
> 하얗게 지샌 밤
> 아침 이슬에 세수하고
> 엄마 사랑 기다리는
> 노란 꽃 애기똥풀
>
> 삶의 터전으로 향하는
> 분주한 발걸음마다
> 푸르게 솟아나는 희망
>
> 먼 산 뻐꾸기 울면
> 바람에 실려 온 유년의 안부
> 텅 빈 뜨락
> 의자 되어 앉아 있다
>
> ―「아침 산책」 全文

시인은 1연과 2연에서 새아침을 맞이한 아름다운 자연을 찬미하고, 4연에서 '삶의 터전으로 향하는/분주한 발걸음마다/푸르게 솟아나는 희망'에 찬 동시대 이웃들의 활기찬 모습을 노래하고 있다. 자연은 주체인 당사자가 대상을 바라보는 대로 보이는 것이다. 가령 바람에 흔들리는 꽃이나 풀이 사랑하는 이성과 연애하는 사람의 눈에는 다가오라는 손짓이나 환희에 넘치는 춤으로 보일 수 있고 반면에 실연당한 사람의 눈에는 헤어짐을 아쉬워하는 작별의 손이나 흐느끼는 몸부림으로 보일 수도 있다.

　이 시는 어두운 밤이 지나고 기다렸던 광명의 세계가 새롭게 펼쳐진 새아침에 대한 찬가임에는 분명하다. 그러나 이 시를 자세히 들여다보면 시인의 외로움과 아픔이 내재되어 있다. 이 점은 3연 '하얗게 지샌 밤/아침 이슬에 세수하고/엄마 사랑 기다리는/노란 꽃 애기똥풀'에 초점을 맞추어 눈여겨보면 알아차릴 수 있다. '애기똥풀'은 노란 꽃을 피우는 잡초다. 꽃은 꽃이되, 열외화초다. 더구나 이것은 독초 중 하나다. 그래서 애기똥물은 노란 꽃을 피우기는 해도 아무도 거들떠보지 않는 잡초에 지나지 않을 뿐이다. 그런데도 시인은 들녘에 헤아릴 수 없을 만큼 많은 예쁜 들꽃들을 제쳐놓고 사람들의 눈 밖에 난 고작 하찮은 천덕꾸러기 잡초인 '애기똥풀'에 대하여 유별나게 연민의 정을 느낀 성싶다. 그러고 보면 '엄마 사랑 기다리는' '애기똥풀'은 병들고 아파서 사람 구실을 제대로 못하게끔 형편없이 추락된 시인 자신의 가련한 처지와 마찬가지로 동일시 내지는 동병상련적인 연민의 정을 품은 대상으로 자각되었던 것으로 보아진다. 이처럼 이 보잘것없는 애기똥풀에 시인의 애정과 시선이 다가간 것은 밀려나고 소박맞고 뭇사람들로부터 푸대접받고 있는 바로 시인의 자화상으로 자의식된 객관적 상관물로 여겨졌기 때문이 아닌가 싶다. 이 같은 유추는 이어지는 4연 '삶의 터전으로 향하는/분주한 발걸음마다/푸르게 솟아나는 희망' 부분이 이를 넌지시 말해주고 있다. 그것은 새아침을 맞이하여 다들 희망에 찬 발걸음으로 일터로 나가는 데 시인은 일할 직장이 없다는 점을 반추(反芻)해볼 때 그러하다. 건강을 잃은 탓에 보통사람들처럼 일할 능력조차 상실한 채 혼자 산책이나 하고 있는 외로운 처지에 놓인 시인으로서는 출근하는 뭇사람들이 퍽 부러웠을 성싶다. 아침이 되어 남들은 다들 바쁘게 일터를 향하는데, 아직 중년기 젊은 나이에 일터가 없는 시인은 한유하게 혼자 산책이나 하고 있는 신세가 스스로 딱하고 안쓰럽게 여겨졌을 것이다. 이에 시인은 일반인들과 같이 일상생활을 영위할 수 있는 현실로부터 밀려났다는 자격지심에 사로잡혀 일종의 '군중 속의 고독'을 절감하고 있는 것이 아닌가도 싶다. 이런 유추는 끝부분 '유년의 안부/텅 빈 뜨락/의자 되어 앉아 있다'는 부분을 눈독 들여 유심히 읽을 때 가능하다. 앉을 사람이 없는 '텅 빈 뜨락'의 의자는 아무 쓸모가 없는 무용지물로 추락된 꼴이다. 텅 빈 뜨락의 의자를 마치 사람 노릇을 제대로 할 수 없게 된 자기 처지나 마찬가지로 자의식하고 있음으로 미루어 볼 때 더욱 그러하다.

　이순희 시인이 아침 산책을 즐기는 모습은 이 밖에도 여러 시편에서 엿볼 수 있다. 시인은 거의 습관처럼 남들이 고이 잠든 새벽이나 아침에 즐겨 걷고 있음을 볼 수 있다. 이렇게 시인이 새벽과 아침 산책을 선호한 것은 새아침의 신선한 공기를 마시면서 자기한테 주어진 하루하루를 소중하게 여기며 날마다 새로운 기분으로 맑고 밝은 미래지향적인 자세로 살아가고 싶은 삶에 대한 결연한 의욕인 동시에 애틋한 자애정신의 발로라고 보아진다. 무엇보다 시인의 이러한 산책은 시인 자신의 건강을 유지하기 위한 아주 유익한 방안임에 틀림없다. 요컨대 이순희 시인이 산책하는 궁극적인 진의는 자기 생명에 대한 애착과 자기사랑의 본능에서 건강한 삶을 희구한 집요하고도 강인한 의지의 소산에서 비롯된 매우 바람직한 실천궁행의 하나라고 간주된다.

　사실 우리네 일상생활은 자연현상이나 기후변화가 실제의 일상생활을 영위해나가는 데 크게 영향을 미치고 있다. 또한 기분까지 꽤나 좌우하는 것 같다. 보통 사람들은 비가 오는 날이나 눈이 오는 날에 대하여 민감한 반응을 보이기 마련이다. 이순희 시인 역시 기후변화에 퍽 예민한 편인 성싶다. 시인은 특히 비가 오는 날에는 쓸쓸하고 우울한 심정에 젖어들지 않았나 싶다. 그래서 그런지 시인의 시에는 비 오는 정경이나 비와 관련된 사연이 다수의 작품에 걸쳐 그려져 있다.

　우선 비가 오면 바깥나들이를 하는 데 불편하다. 대개 직업이 없는 사람의 경우에는 이런 날에는 밖에 나가지 않고 주거공간에서 머물게 되기 일쑤다. 그런즉 비가 오는 날은 외부와 차단되는 날이다. 그래서 자기 집에서 자기만의 시간을 가지고 호젓한 기분으로 사색에 잠길 수도 있다. 물론 이를 잘 선용하면 자연스럽게 자기 자신을 뒤돌아보고 자아성찰의 좋은 기회를 가질 수 있다. 다른 한편 비가 오는 상황 아래서 혼자 있다가 보면 적소하고 적요(寂寥)한 기분이 들 수 있고 왕왕 우수어린 감상에 젖게 되기 십상이다. 그런즉 이런 날에는 사람이 그리워지고 자기와 인간관계를 맺고 있는 친지나 주변사람들이 생각날 수 있다. 또한 예전 어린 시절에 행복하게 지냈던 고향이 생각나고 즐거웠던 추억이나 향수에 젖게 되기도 한다.

　그런데 사람이 혼자 상태에 놓이게 되면 호젓함을 느끼게 되기도 하겠지만, 외로운 사람의 경우에는 이별이나 사별로 떠나간 사람이 생각나 울적한 기분에 젖어들 수 있고 회한(悔恨)과 그리움에 괴로워질 수도 있다. 흔히 이런 사람의 경우, 비가 오는 날에는 공연히 쓸쓸함이 밀려오고 우울해지며 심란하고 칙칙한 분위기에 빠져들게 되기 십상이다.

중년기 이후 혼자 지내는 외로운 처지에 놓이고 더욱이 몸까지 아픈 시인의 경우에는 비가 오는 날에는 현실이 서글프고 고달프게 여겨져 한층 외로움이 엄습해오고 마음 아프고 슬펐던 일들이 불현듯 떠올라 걷잡을 수 없이 기분이 우중충해지고 착잡해지며 침울해지기도 했을 성싶다.

이순희 시인은 비가 오면 유난히 민감한 반응을 보이고 있다. 이런 날에는 인정이 많고 감수성이 예민한 시인으로서 특히 '이렇게 비 오는 밤이면/여린 내 가슴에 뜨거운 눈물의 강 흐른다'(「비가(悲歌)」 5연)고 토로하고 있는 바와 같이 고향도 생각나고 부모와 형제자매도 생각나고 젊어 죽은 오빠도 생각나고 슬프고 행복했던 추억들이 주마등처럼 떠오르기도 하였을 것이다.

다음 시구(詩句)들은 시인이 비가 오는 날에 느낀 감흥과 풍경을 읊은 것이다.

  비 온 뒤 유년의 추억/무지개로 뜨는 탑골 가는 길
                 ―「고향」 1연

  문풍지 흔들며 절규하는 하늘 숨죽여 울던 긴 긴 밤/밤 새도
  록 비가 내렸다 오빠는 말이 없고 ―「비가悲歌」 4연

  방금 꽃잎 펼친 가로수 벚꽃들/추적추적 내리는 봄비 견디며
  /눈물꽃 그렁그렁 매달고 있었다 ―「구문역에서」 2연

시인의 시에서 '비'는 아무래도 대개 고독, 아픔, 시련, 고난, 역경, 우수 등의 이미지를 표상하고 있다. 또한 시인의 시에서 '비'는 어둡고 우울하고 괴로우며 다분히 부정적이고 비관적이며 비극적인 분위기를 자아내는 성싶다.

그러나 다른 한편 비는 긍정적이고 거듭나기의 이미지를 풍기

기도 한다. 비가 온 다음에는 식물들이 생기를 얻는다. 비는 목마르고 지쳐 잠자는 대지에 활력을 불러일으키고 죽은 대지를 다시 살리는 부활의 사자(使者)이기도 하다. 사실 비는 삼라만상의 생명체들이 생존해 나가는 데 여러모로 꼭 필요하고 절대적인 근본조건이기도 하다. 더욱이 그것이 매우 짜증나고 숨이 막힐 정도로 푹푹 찌는 한여름 땡볕 무더위 폭염상황이 지속된다든가 오랜 가뭄 끝에 시원하게 쏟아지는 단비라면 정말 고마운 생명수가 아닐 수 없다. 그리고 팍팍했던 일상 속에서 메마른 땅에 애타게 기다렸던 빗줄기가 한바탕 쏟아지면 반갑기 그지없을 정도로 기분이 좋아질 것이다. 그런가 하면 비는 더럽혀지고 오염되고 묵은 것들을 깨끗이 씻겨줘 과거를 청산하고 새로운 면모로 거듭나게 만드는 갱생을 위한 세례의 기능 내지는 새생명을 부여하는 부활의 신통력을 지니고 있다.

다음 시에서 보면 시인은 '뜬눈으로 지새운 밤'에 겪은 온갖 번뇌와 아픔을 새벽이 다소나마 위무해주고 치유해줌으로써 평온을 회복한 데 무한한 감사를 느끼고 있다.

<u>뜬눈으로 지새운 밤</u>
안개 자욱한 새벽
조용히 집 나와
토성길 걸었다

밤 사이 내린 비로
흥건히 젖은 공원 나무들
<u>어둠 씻어내고 있었다</u>

<u>모진 풍파 견뎌온 은행나무</u>
받침목에 몸 기대어 신음하는데

모른 척 스쳐 지나가는 바람

　　내 삶 터전이자 아이들 고향
　　정든 땅 푸른 도시가
　　지금 이 순간 낯설게 다가와
　　내 눈 아프게 찌른다

　　토성길 내려오니
　　넓게 펼쳐진 잔디밭에
　　물빛 머금은 초롱꽃 향기
　　물안개로 피어난다

　　뿌연 안개 속에 밝아오는
　　눈물어린 여명
　　세상은 아무 일 없다는 듯
　　그저 평온하기만 했다
　　　　　─「여명黎明의 기도」全文 (밑줄-筆者)

　위 시구(詩句)에서 볼 수 있는 바, 비가 온 이튿날 아침 자연의 아름다운 정경이 한 폭의 한국화처럼 소묘되어 있다. '뜬눈으로 지새운 밤'을 보내고 여명(餘明)에 어둠이 걷힌 새아침을 맞이한 기쁨이다. 시인은 자연친화를 통해서 마음의 여유를 얻고 평화를 맛보게 된 기쁨을 진솔하게 표백하고 있다. '뜬눈으로 지새운 밤'(1연), '어둠 씻어내고 있었다'(2연), '오랜 세월 모진 풍파 견뎌온 은행나무', '받침목에 몸 기대어 신음'(3연), '내 눈 아프게 찌른다'(4연), '눈물어린 여명'(6연) 등에 시선을 멈추면 시인이 얼마나 밤새 혹독한 고통의 시간을 보냈을 것인가 어렵지 않게 추측이 가능하다. 밤에 잠을 이루지 못하고 '뜬눈으로 지새'다가 새날이 밝아온 아침, 즉 여명(빛)에 어둠이 걷히고 빗물에 어둠(외로움, 슬픔, 불안, 초조,

공포, 번뇌 따위)도 씻기고 더욱이 비가 온 이튿날 아침이기에 천지가 선경(仙境)과 같은 아름다운 자연 속을 걷다보니 마음이 상쾌하고 평온해졌던 것이다. 이 시의 2연 3행 '어둠 씻어내고 있었다'에서 '어둠'은 단순히 조명(빛)만을 가리키지는 않는 성싶다. 여기서 '어둠'은 시련, 역경, 고난, 슬픔 따위를 복합적으로 뜻하는 것 같다. 그렇다면 '비'는 자연현상으로서의 '비(雨)'로 그치는 것이 아니라 신(神)의 사자(使者)로서의 속성을 지니고 있는 셈이다. 즉 시인은 신의 심부름꾼인 '비'를 통하여 신의 메시지 내지는 계시를 전달받은 것으로 볼 수 있다. 특히 시인이 비가 온 이튿날 아침을 무척이나 일삼아 선호한 것은 하나님이 주신 대자연의 사랑과 아름다움을 체감하기 위한 행위가 아닌가 싶다. 그런데 시인의 이런 특권과 향유는 저절로 얻어진 것이 아니다. 이 점은 끝연(6연)의 '뿌연 안개 속에 밝아오는/눈물어린 여명'에 눈여겨 초점을 맞추면 알아차릴 수 있다. 부연컨대 1연 1행 '뜬눈으로 지새운 밤'이라든가 3연 1행 '모진 풍파 견뎌온 은행나무'를 반추시킬 때 어렵지 않게 짐작될 수 있다. 이는 고진감래(苦盡甘來) 내지는 진주조개의 생성과정을 연상시키는 바, 새로이 기쁨을 느끼고 위안을 받을 만큼 충분히 대가를 치룬 보상으로 누리게 된 여유와 평화인 것이다. 요컨대 시인의 이 시는 자연의 아름다움에 대한 예찬인 동시에 하나님에 대한 찬가라고 보아진다.

　이순희 시인의 다음 시도 비가 온 이튿날 아침의 감흥을 읊은 작품이다.

　　하염없이 쏟아지던 비
　　잠시 잦아들고
　　눅눅하게 익어가는 밤

　　창밖 빗소리 이어져

심연 타고 흐르다
가슴에 차오르는데

다시 시작하라는
새하루의 축복 찾아와
어깨 '툭' 치는 아침

앞만 보며 가자고
슬픔도 사치라고 일러 준
따스한 비의 손길 곱다

— 「비의 손」 全文

　시인은 비가 온 이튿날을 곧잘 예찬하고 있다. 비가 그친 후의 지상은 참 아름다운 그야말로 신선들이 살만한 선경(仙境)이다. 시인은 비가 내린 이튿날 맑고 깨끗해진 대자연의 아름다운 풍광을 완상하며 비가 온 의미를 부여하고 있다. 이는 지난밤의 답답하고 암울한 어둠이 가시고 새아침 새롭게 밝은 새천지가 열렸다는 것을 뜻한다. 즉 시인은 신께서 비가 내린 이튿날 아침 산책길에 깨끗하게 아름다워진 풍경을 통하여 '새로 시작하라' '앞만 보고 가자' '슬픔도 사치'다는 계시 내지는 가르침을 주고 있다고 생각한다. 이처럼 '비'는 시인에게 새용기와 새의욕을 제공하기도 하였던 것이다. 단순한 자연계의 질서와 순환의 법칙에 따른 현상에 의미를 부여하고 있다. 즉 시인은 삼라만상의 자연현상과 기류현상을 신의 메시지로 받아들이고 있다. 이는 시인의 혜안이 아닐 수 없다. 시인은 신이 '아침'을 통해서 '다시 시작하라'는 '새하루의 축복'으로, 그리고 '비'를 어둠(시련, 고난, 역경 따위)을 씻어주는 신의 손길로 해석하고 있다. 그러기에 '따스한 비의 손길 곱다'고 찬미하고 감사를 표하고 있다. 이는 곧 시인이 섬기고 믿는 신(하나님)에 대한 경배이자 예찬으로 간주된다.

　실상 비가 그친 지상은 온갖 더러움이 말끔하게 씻겨서 아주 깨끗하고 조용하다. 그래서 비가 온 이튿날 아침의 자연은 공기가 신선하고 주변 풍광이 청결하며 삼라만상이 새생명을 되찾은 듯 활기차고 생동감이 넘친다. 여기에다가 무지개라도 뜬다면 더없이 가관인 새천지(신천지)가 펼쳐지는 셈이다. 시인은 비가 온 이튿날의 자연에 대하여 곧잘 예찬하고 있다. 이것은 시인의 신실한 신앙과도 무관하지 않은 성싶다. 특히 시인은 비가 온 이튿날 아침의 자연을 완상하며 기독교신자로서 하나님을 경배하고 찬미하기를 즐기고 있음에 근거를 두고 하는 말이다.

　다음 시도 비가 내린 이튿날 아침에 느낀 상쾌한 감흥을 읊은 것이다.

　　　　빗물에 젖은 풀잎 위에
　　　　투명한 물방울
　　　　아롱아롱 맺힌 초록별

　　　　빗물에 세수한 풀과 나무
　　　　경건한 자세로
　　　　봄의 향연에 동참하고 있다

　　　　빈 길섶 흐드러지게 핀 애기똥풀
　　　　장엄하게 흐르는 오케스트라
　　　　새들의 합창 하늘에 울려 퍼지고

　　　　하얀 구름 위에서
　　　　밝게 웃고 계신 하나님
　　　　온 세상 축복하고 계시다
　　　　　　　　　　　　－「비 내린 이튿날 아침」(5~8연)

시인은 봄철에 비가 온 이튿날 아침에 산책을 나서 갖가지 봄의 향연을 소묘적으로 비교적 간결하게 노래하고 있다. 비가 내려 대자연이 맑고 깨끗해져 아름다운 풍광을 이루고 식물들이 비를 맞아 생기가 도는 진풍경을 완상하게 되면 기분이 한결 좋아지고 삶의 의욕도 새롭게 솟구치게 될 것이다. 특히 끝연(8연)에서 시인은 투철한 종교인으로서 '하얀 구름 위에서' 하나님이 온 세상 축복하고 계'신다고 경배 내지는 예찬하는 신앙심을 드러내고 있다.

　시집 「악(惡)의 꽃」으로 유명한 프랑스의 시인 보들레르(Charles Pierre Baudelaire)의 말에 의하면, 어린이와 죽을 고비를 넘긴 회복기의 중환자는 '세상이 신기하고 아름답게 보인다'고 한다. 시인은 날로 건강상태가 악화되어가고 있음을 자각한 나머지 불안과 초조와 고민과 조바심 때문에 잠을 자지 못한 것 같다. 이런 점으로 미루어 시인의 삶이 그동안 얼마나 참아내기 벅찬 인고의 세월을 보내왔는가를 대충 헤아릴 수 있을 성싶다. 무엇이든지 참고 견딘다는 것은 매우 어렵고 피곤하며 피눈물이 나는 인내심을 요한다. 사실 우리네 인생살이란 무단히 참고 바우어내야 하는 고달프고 고단한 허물벗기 과정의 연속이라고 해도 지나친 말이 아니다. 따라서 저마다 각자가 처한 현실을 순응의 자세로 액면 그대로 받아들이고 거기서 미래지향적이고 진취적이며 건설적이고 희망적인 요소를 찾아내려는 긍정적인 태도야말로 진정한 자애의 길인 동시에 인간승리의 밑거름이 될 수 있을 것이다.

　이 밖에도 이순희 시인은 시 「아침 산책」을 위시해서 비가 그친 맑고 아름다운 풍광에 대하여 다수의 시를 썼다. 그런가 하면 시인의 산책은 때와 시기를 가리지 않고 지속된 것으로 보아진다. 시인의 경우, 걷는 행위는 생존을 위한 건강관리이자 하루를 소일하는 삶의 재미거리이기도 하였던 성싶다. 이렇게 시인이 산책을 즐기는 모습은 여러 시편에서 엿볼 수 있다.

새장 안 갇혀 지내는/앵무새처럼 바둥대다가/율동공원에 갔다
— 「봄의 왈츠」 2연

텃밭 가는 길가/꽃망울 터트린 분홍빛 살구꽃 탐스럽게 피었다
— 「4월」 1연

하늘소리 그리운 날/운길산 구부러진 산길 따라/중턱 기슭에 터 잡은 수종사 찾았다/낮은 바람에 흔들리는 갈참나무/조용히 잎 떨구고 있다/스님의 독경소리 들으며
— 「수종사水鐘寺」 1연

백마강 억새밭에 갔다/하얀 억새 배경으로/뉘엿뉘엿 참 예쁜 해 저물고 있었다
— 「백마강 억새밭에서」 앞부분

땅거미 진 저녁/지상으로 내려온 별들/물빛으로 촉촉이 젖어 있다/고즈넉한 산길/여린 풀벌레 울음소리/깊어가는 가을밤
— 「부소산 가을밤」 처음 부분

잿빛 하늘에 하얀 낮달/구름 속을 헤매고/삭풍에 떠밀려온 눈송이/구드래나루에 흩어지고 있다
— 「겨울 백마강에서」 1연

한 폭 수묵화로 그려진/눈 오는 날 정경/들판에 평화 깃들고 있다
— 「눈 오는 날」 끝연(8연)

시인은 봄철이든 겨울철이든 비가 오나 눈이 오나 가리지 않고 저녁 무렵과 새벽이나 이른 아침에 주거지 주변의 들이나 강가 따위 한적한 곳을 지속적으로 일삼아 즐겨 걸었던 것이다. 시인한테

있어서 하루 일상 중 길 걷기가 주요운동이자 귀한 소일거리의 하나였다. 이 길만이 시인이 잃어버린 건강을 유지하고 살아갈 수 있는 유일한 수단이고 마음을 가다듬어나갈 수 있는 치유책이었기 때문이다. 시인의 이러한 행위는 곧 자연과의 친화로 간주된다.

　시인이 새벽이나 아침 산책을 즐긴 것은, 특히 비가 온 이튿날 새벽이나 아침에 산책하기를 즐긴 것은 밤 사이의 어둠을 걷어주고 밝음을 제공해 주기 때문이다. 시인은 밤(어둠, 슬픔, 아픔, 눈물, 통증, 불면, 절망, 고민, 우울, 질병)보다 낮(밝음, 기쁨, 웃음, 치유, 수면, 희망, 평온, 상쾌, 갱생)을 선호하였다. 그리고 시인은 어둠이 시작되는 하루의 끝인 저녁보다 밝음이 시작되는 하루의 처음인 새벽이나 아침을 갈구하고 지향하였다. 이것은 시인의 건강이 기적처럼 회복되고 세례를 받듯 거듭나서 새로운 갱생의 삶에 대한 희망적이고 미래지향적인 의지 표명이라고 볼 수 있다.

　어쨌든 시인이 자연친화를 끊임없이 추구한 이유는 일차적으로 건강을 지탱하기 위한 길인 동시에 '갖은 시름 외로움 떨쳐'버리기 위한 마음닦기의 일환이었던 것이다. 그러니까 시인이 산책을 하고 산에 오른 것은 건강유지의 수단이자 기분전환을 통한 마음의 평정을 얻기 위한 방책이었던 것이다.

　시인이 혼자 있던 상황에서 집 밖으로 나가 산책하는 행위는 어둠의 세계에서 밝음의 세계로, 불안에서 평온으로, 닫힌 공간에서 열린 공간으로, 좁은 공간에서 너른 공간으로, 인간이 만든 문명(주거공간인 건축물) 세계에서 신이 천지창조(天地創造)한 자연 속으로 찾아가는 적극적인 탈출의지의 소산이라고 볼 수 있다. 한 마디로 시인의 이런 산책은 외로움에서 벗어나 신께 귀의함으로써 평화를 얻기 위한 자기사랑의 지혜로운 실천궁행이며 건강유지의 효과적인 방안이었던 것이다.

　이상에서 살펴본 바와 같이 시인은 저녁노을 무렵이나 초저녁,

그리고 아침과 새벽에 평소 주거지 주변의 시골길 걷기를 즐긴 것 같다. 그런즉 시인은 타인을 별로 의식하지 않아도 좋은, 사람들의 왕래가 비교적 적은 한적한 상황과 조용한 시간대를 선호해온 성싶다. 하루 중 아침이나 새벽, 그리고 저녁노을 무렵과 어두운 밤 시각은 조용하고 호젓하다는 공통점이 있다. 한편 아침과 새벽은 하루의 시작이고 반면에 저녁노을 무렵과 어두운 밤은 하루를 마무리 짓는 끝이라는 차이점이 있을 뿐이다.

그런데 사람은 자기가 소유하지 못한 것을 갖고 싶어 한다. 그리고 가보지 못한 낯선 곳, 먼 곳 등에 대한 막연한 동경을 품고 찾아가보고 싶은 욕구를 느끼게 되기 일쑤다. 시인도 이따금 집을 멀리 떠나 산과 바다를 찾아 여행을 즐김으로써 새로운 체험을 통하여 새기분을 느끼고 심적 위안을 받고 싶었던 것 같다.

시인의 자연에 귀의하여 심적 평화를 얻고 싶은 심정은 다음 시에서도 역력하게 읽을 수 있다.

    푸른 하늘 이고
    검푸른 물결 넘실대는
    겨울바다에 갔다

    거친 풍랑에 언덕마냥 일어서고
    흰거품 물고 달려와 울부짖는 짐승
    성난 몸부림 백사장 삼킨다

    먹구름이 몰고 온 눈보라
    한바탕 광란의 춤사위 펼치고
    이내 돌같이 침묵하는 바다

    천년고독 설움 안고
    깜깜한 밤바다 밝히는 작은 등대 하나

해조음으로 낮게 흐느끼고 있다

잠 못 들고 뒤척이는 밤
여류시인이 들려주는
하모니카 연주에 평정되고

하늘을 이불 삼아
바다 베고 누워
스르륵 잠 들었다

―「겨울 밤바다」 **全文**

 시인은 겨울바다에 갔던 체험을 회상해서 스케치하듯 추억을 반추시키고 있다. 시인은 별러오다가 모처럼 찾아간 바다에서 너무 낯설고 생리적 거부반응을 느꼈던 것이다. 비교적 질서정연하게 돌아가는 도시문명 속에서 조용하고 평온하게 지내왔고 주로 정적인 시골길이나 조용한 들녘을 즐겨 걸어온 시인한테 거칠고 사나운 파도가 어지럽게 요동치고 파도소리 소음 때문에 시끄럽게 돌아가는 동적인 겨울 바닷가가 생리적으로 맞을 리가 없다. 그것은 현재 시인이 머물고 있는 상황이 공간적으로 낯선 곳이고 계절적으로도 추운 겨울철이며 더구나 시간적으로도 '밤'이라는 점을 감안할 때 당연하다. 이런 영 생리에 거부감이 느껴지는 상황과 요소들은 외롭게 지내온 시인의 외로움을 가중시키는 요소로 작용된 성싶다.
 혼자 지내는 사람은 감내하기 어려운 슬픈 일을 겪게 되면 말할 것도 없고 심지어 좋은 일을 겪게 되거나 기쁜 일을 맞이하거나 맛있는 음식을 접하거나 특히 그리운 대상과 함께했던 추억어린 공간을 찾았을 경우에는 졸지에 단독자의식에 사로잡혀 외로움이 엄습하기도 할 것이다. 정말 기쁘고 빼어나게 아름다운 자연이나 명승고적일수록 혼자 보기가 아까워 한층 더 간절하게 그리움이 짙게 발아되기 일쑤다. 이럴 경우에는 애달프고 그리움에 싸여 그동안 애써 잘 견디고 참아왔던 고독과 연정이 한꺼번에 폭발해 상승고조를 타게 될 수도 있다. 그래서 한낱 나약한 인간으로서 주체하기 힘든 심리상태에 빠지게 되기도 한다. 시인은 거기 낯선 겨울바다에서 곁에 있어야 할 가까운 대상이 부재중이기에 심리적인 면에서 오히려 더 허전하고 서글퍼졌을 것이다. 우리는 시 「겨울밤바다」에서 이런 시인의 고독한 심리를 어렵지 않게 감지할 수 있다. 다시 한 번 상기해보는 바, 이 시의 계절적 배경은 겨울이다. 그리고 하루 중 시간대에 있어서 단독자로 처하게 되는 밤이고 공간적으로 광활한 바다다. 그러니까 이 시의 시적 주인공은 춥고 어두우며 왜소함을 실감하는 처절한 외로움의 상황에 처해 있는 것이다. 이런 상황에 놓인 시인의 외로움이 얼마나 처연했을 것인가 미루어 짐작되고도 남는다. 외롭고 울적한 시인은 아름다운 자연을 찾아도 좀처럼 안정을 찾지 못했던 것이다. 자연이 아무리 아름다워도 시인의 근원적인 외로움을 해소해주거나 충족시켜 주지 못했던 것이다. 이처럼 시인은 마음을 달래고 위로를 받으려고 자연을 찾았으나, 파도가 '흰거품 물고 달려와 울부짖는 짐승/성난 몸부림'을 치고 눈보라가 '한바탕 광란의 춤사위 펼치고' '이내 돌같이 침묵하는 바다'가 '천년고독 설움 안고/깜깜한 밤바다 밝히는 작은 등대 하나/해조음으로 낮게 흐느끼'는 통에 도리어 더 큰 외로움만 사납게 밀어닥쳤던 성싶다. 그래서 '잠 못 들고 뒤척이는 밤/여류시인이 들려주는/하모니카 연주에 평정되고' 즉 자기의 외로움을 알아주고 감싸준 사람의 자상한 배려에 힘입어 평정심을 회복하고 가까스로 잠을 이룰 수 있었던 것이다.

  이순희 시인은 동적인 바다를 찾았다가 혼쭐나 실망을 느끼고 이참에는 정적인 산을 찾고 있음을 볼 수 있다.

가을이 오는 길목에서
손길 타지 않은
자연 속 오지마을에 갔다

산길 걷다 보면
계곡물 소리 닫힌 가슴 열고
살며시 스며들었다

따스한 햇볕 곱게 쏟아지면
가을 여인 닮은 구절초
나풀나풀 꽃잎 흔들어 반기고

길가에 핀 이 꽃 저 꽃 산꽃
보랏빛 향유꽃이랑 속삭이던 벌 한 마리
인기척에 놀라 쏜살같이 달아난다

크고 작은 나무들과 손잡으며
찾은 숲속 청정한 비수구미 마을
오색빛 순한 청솔바람 불었다

—「비수구미 마을」 **全文**

시인은 '가을이 오는 길목에서/손길 타지 않은/자연 속 오지마을'(1연) 무공해청정지역 비수구미 마을을 찾아갔다. 즉 문명의 때가 묻지 않은 원시적이고 원형적인 '손길 타지 않은' 산마을을 탐방한 것이다. 이곳이 얼마나 오염되지 않은 지역임을 '보랏빛 향유꽃이랑 속삭이던 벌 한 마리/인기척에 놀라 쏜살같이 달아난다'(4연)고 노래함으로써 환기시키고 있다. 이처럼 시인은 '크고 작은 나무들과 손잡으며/찾은 숲속 청정한 비수구미 마을'(5연) 즉 조용하고 오염되지 않은 외진 청정지역을 찾아다님으로써 비로소 마음의 평화를 얻을 수 있었던 것이다.

시인의 자연친화를 통한 자아성찰적인 면모는 시 「성봉 가는 길」에서 등산을 떠난 것에서도 엿볼 수 있다. 주로 수평적 이동으로 연속되는 일상사로부터 벗어나 등산과 같은 수직적 이동을 통하여 고지인 산에서 평지인 문명세계를 내려다보면 세상에 대한 시야가 넓어지고 호연지기도 생기며 자연 속에서 스트레스가 풀려 마음이 새기분으로 상쾌하게 전환될 수 있다.

  내리막길은 가볍다
  골짜기 흐르는 물에 발 담그고
  잠시 즐기는 명상 시간
  내 가슴에 새 한 마리 살아
  <u>빈 마음으로 살라 한다</u>
  <u>부질없는 욕심 다 내려놓고</u>
  산 그림자 길게 드리운 성치산
  저무는 저녁 해
  활활 타오르고 있었다
      ―「성봉 가는 길」 후반부 (밑줄-筆者)

시인이 등산을 하고 하산길에 잠깐의 휴식을 통해서 생각하게 된 것은 앞으로의 삶에 대한 새로운 마음가짐이다. 시인은 산행을 마치고 '골짜기 흐르는 물에 발 담그고/잠시 즐기는 명상'에 잠긴다. 산은 오르기는 힘드나 내려오기는 쉽다. 산 아래에서 보면 현실이 크게 보일 수 있다. 그러나 산봉우리 같은 정상 고지나 비행기 안에서 지상을 내려다보면 형편없이 작아 보인다. 어떤 일이든 당장 닥친 현실은 크고 무겁게 보일 수 있다. 그러나 지나고 보면 그것이 그렇게 큰 것도 아니었고 엄청난 중대사도 아니었음을 뒤늦게 알아차리게 된다. 그리고 눈앞에 보이는 그 당시에는 그것이 얼마나 귀중한 것이고 존재가치가 있는가를 모를 수 있다. 그렇지만 시간이 경과된 나중에 뒤늦게 바로 그때가 절호의 기회였음을 깨달을 수도 있다. 사실 멀리 떠나와 보아야 그곳이 제대로 보일 수 있고 자기 곁에 있던 대상이 떠나가 보아야 그 사람의 존재가 얼마나 귀하고 값진 존재였는가를 새롭게 느낄 수도 있다. 이처럼 우리네 인간사는 겪어보고 지나보아야 그것이 얼마나 소중하고 보배로운 존재이며 또한 그 중량감과 가치를 제대로 알아차릴 수 있는 것이다.

우리네 인생살이는 채우기와 비우기의 연속이다. 더러운 것은 씻어내고 지저분한 것은 치우고 속에 쌓아둔 것은 내려놓고 품은 것은 버리고 채워진 것은 비워야 그때사 새기분으로 홀가분해질 수 있는 것이다. 우리는 인생의 중반기 고개로 넘어들게 되면 꿈, 열망, 욕심, 소망 따위를 하나씩 과감하게 떨쳐버려야 한다. 가을이 되면 나무들이 나뭇잎들을 떨쳐내 듯 때가 되면 스스로를 가다듬고 추스르며 홀로서기에 점차 익숙해져야 한다.

우리는 세속적인 욕망을 버리고 비우고 내려놓고 겸허하게 처세할 때 비로소 진정한 자유와 마음의 평화를 얻을 수 있고 행복을 누릴 수 있게 되는 것이다. 즉 버림의 미학, 비움의 시학, 체념의 철학, 겸손의 미덕 등을 터득하게 됨으로써 초연물외적인 달관의 경지에 좀 더 가까이 다가설 수 있게 되는 것이다. 시인은 이 시를 통해서 평소 품고 있던 '부질없는 욕심 다 내려놓고' '빈 마음'으로 견고한 자제력을 유지하는 가운데 자기 자신의 중심을 바르게 다잡아 나가려는 의지와 냉철한 자아성찰의 면모를 보여주고 있다.

시인은 산책과 산행을 통해 비움의 중요성을 새삼 깨닫게 되고 저녁노을 같은 대자연의 현상에 대한 아름다움을 한결 새롭게 인식하게 된 것이다. 그러니까 대자연의 아름다움과 신비를 향한 새로운 시선과 시각을 통하여 '부질없는 욕심 다 내려놓'는 비움의 철학을 체득하게 된 것이다. 인생의 덧없음을 노래한 듯하면서도 안빈낙도 내지는 비움의 원리를 터득한 초연물외의 풍모를 닮고 픈 정신적 편력에 접어든 것이 아닌가 싶다.

시인의 이런 자연친화의식의 이면(裏面)에는 세속적인 욕망과 집착으로부터 벗어나 저 위대하고 오묘한 대자연의 품안에 안겨 준엄하고 냉철한 신의 섭리 및 우주의 질서와 순환의 법칙에 순응하고 좇아 보잘 것 없고 연약한 존재로서의 혜택과 특권을 향유하면서 안분지족하려는 자세가 담겨 있는 것이다. 시인은 이 길만이 진정 자기 자신을 돌보고 사랑하는 길이라고 여기게 된 성싶다. 바로 이것이 시인이 생각한 슬기롭고 바람직한 삶의 방안 내지는 이정표로 확신하게 된 것이 아닌가 싶다.

이 밖에도 시인은 전국 여기저기를 나들이 삼아 여행을 즐기고 있다.

안개 속 아침을 뚫고/쌍계사 가는 길/냇가 건너편 화개장터
－「금낭화」1연

12월 바람 차게 불었다/남으로 250여 리 길/말 두 귀 닮았다 해서 이름 붙여진/전북 진안고원 마이산에 갔다
－「마이산馬耳山」 앞부분

푸른 하늘 이고/검푸른 물결 넘실대는/겨울바다에 갔다
－「겨울 밤바다」 1연

이와 같이 시인이 들린 곳은 헤아릴 수 없이 많지 않았나 싶다. 이렇게 시인은 대자연과의 만남을 통하여 세속적 욕망을 내려놓고 비움으로써 심적 안정을 도모하고 건강을 유지할 수 있는 방안을 모색하게 된 것이다. 시인의 이런 자연친화 행위는 수도권에 있을 때는 집 근교 시골길을 즐겨 산책하였다. 그리고 낙향한 이

후에는 궁남지 산책, 백마강 뚝방 걷기, 백마강억새단지 찾기, 부소산 오르기, 금성산 오르기 따위를 통해서 체력을 관리하고 있다고 보아진다. 또한 시인의 자연친화를 꾀한 전국나들이는 거의 1년 내내 연속적으로 이어지지 않았나 싶다. 이 점은 시인의 시에 나오는 수많은 지명과 장소들이 이를 간접적으로 입증하고 있다.

아무튼 시인은 자연을 자주 찾는 가운데 자연과의 친화가 한층 강화된 것 같다. 시인은 자연친화를 통하여 대자연의 섭리와 질서에 대한 의미를 터득하고 부단히 마음을 닦아나갔던 것이다. 이러한 인격도야 및 내면적 성숙의 면모는 시인의 시들에서 여실히 엿볼 수 있다.

다음 시를 접하면 이순희 시인은 꾸준히 자연친화를 꾀한 결과, 아름다운 자연에 매료되어 물아일체(物我一體)의 경지 가까이 다가가 자연의 아름다움을 향유하게 된 정신적 편력을 감지할 수 있다.

> 꽃의 요람 속에서
> 황홀한 꿈꾸는 열일곱 소녀
>
> 봄의 한가운데 내가 살고 있음
> 놀라운 신의 은총 아닌가
>
> 바람에 나부끼는 꽃잎처럼
> 영원한 자유인으로 살고 싶다
> ―「4월」 5~7연

봄날의 아름다움을 노래한 시다. 시인은 '꽃의 요람 속에서' '봄의 한가운데 내가 살고 있음' 즉 물아일체의 정신적 경지에 이르러 아름다운 봄날 속에서 복되게 지내고 있음을 '신의 은총'이라고 여기고 있다. 하나님의 사랑과 섭리를 믿고 있는 신앙인의 한 사람으로서 '바람에 나부끼는 꽃잎처럼/영원한 자유인으로 살고 싶다'고 희구하고 있다. 시인은 신께서 자신에게 베풀어 주실 앞으로 남은 생애에 대한 염원을 나직한 목소리로 표백하고 있는 셈이다. 우리는 시 「4월」 속에 표현된 봄날의 아름다움을 통하여 대자연의 질서와 신의 오묘한 섭리를 알아차린 시인이 그 속에서 행복을 누리고 있는 환희와 소박하고 순수한 소망을 역력하게 읽을 수 있다.

요컨대 이순희 시인의 이 시는 자연의 아름다움에 대한 찬가(讚歌)이자 아름다운 천지를 창조한 전지전능한 하나님에 대한 예찬(禮讚)이다. 이것은 자연의 아름다움을 향유하고픈 갈망인 동시에 신을 숭상하고 경배하는 신앙심에서 자기 자신의 모든 것을 맡기고 귀의하고픈 종교적 열망이라고 보아진다.

우리는 시인이 평소 산책이나 여행 따위 지속적인 자연친화를 거쳐 마침내 자연과 하나가 되다시피 정신적으로 성숙된 면모를 다음 시를 통하여 확연히 엿볼 수 있다.

    피아노폭포에 가면
    봄 햇살 따라
    폭포가 피아노 친다, 아니
    피아노가 폭포를 켠다

    피아노폭포에 가면
    피아노 소리에 벚꽃 피고
    폭포 소리에 '펑'
    목련꽃 터진다, 폭죽처럼

    피아노폭포에 가면
    피아노 머리에 이고
    커피 마시고

피아노 속에 들어가 뒤 보고

피아노폭포에 가면
집 채 만큼 하얀
피아노화장실에 앉아
폭포가 쓴 시집을 읽는다

그곳에 가면
피아노폭포 소리에 얼룩 씻고
상처 털어낸 여자가
시 쓰는 정경 만날 수 있다

―「피아노 폭포」 全文

    시인은 경기도 남양주시 화도읍 금남리 산 47-48 소재 북한강으로 흘러가는 인공폭포인 '피아노폭포'를 즐겨 찾은 것 같다. 이 <화도하수처리장>과 <화도푸른물센터>는 남양주시 화도읍에서 나오는 하수를 처리해서 한강으로 방류하는 시설이다. <화도푸른물센터> 바로 앞 하천인 묵현천 건너편 산 절개지에 시원한 물이 흘러내리는 피아노폭포가 있다. 폭포에서 흘러내리는 물은 하수처리장에서 정화된 물을 펌프로 산 위까지 끌어올려서 흘러내리게 한 인공폭포다. 즉 산봉우리에서 계곡까지 쏟아지는 폭포는 인공폭포인데, 정수시설이다. <화도푸른물센터> 여기에는 피아노폭포와 환경체험관 외에도 S자형 물놀이장, 생태공원 등이 있다. 그리고 건물의 외부가 대형피아노 모양으로 개방감 넘치는 2층 규모의 폭포를 관망할 수 있는 건물이 있다. 그 건물의 외형이 하얀색이고 폭포를 바라보는 전망대를 오르는 계단이 있다. 건물의 용도는 화장실이다. 이 구조물은 사람이 건반같이 생긴 계단을 따라 1층에서 2층으로 걸어서 올라갈 때 계단을 밟으면 마치 피아노 건반을 누르듯이 소리가 난다고 한다. 2층에 있는 이 화장실은 개방감이 있도록 설계 되어서 볼일을 마친 후 세면대에서 손을 씻으며 피아노폭포를 내다볼 수 있다.

피아노폭포의 높이는 약 61m이고 길이는 91m이며 폭은 10~26m 된다고 한다. 2005년 8월에 개장된 세계 최초로 하수처리 방류수를 이용해 만든 피아노폭포는 혐오 시설인 하수처리장을 관광지로 변모시키면서 매년 10만 명이 넘는 관광객들이 찾아온다고 한다.

우리는 이 작품에서 시로서 표현기법이 매우 성숙된 면모를 여실히 엿볼 수 있다. 시인은 봄철에 '봄 햇살 따라' 거기에 가보았던 성싶다. 시인은 '폭포가 피아노 친다, 아니/피아노가 폭포를 켠다'고 노래하고 있다. 2연에서 폭포가 피아노 치는 '피아노폭포에 가면 피아노 소리에 벚꽃 피고/폭포소리에' 폭죽처럼 '목련꽃 터진다'는 표현이 퍽 시적이다. 또한 4연의 '피아노화장실에 앉아/폭포가 쓴 시집을 읽는다'는 표현도 절창(絶唱)이다.

역시 우리가 주시할 만한 부분은 아무래도 마지막 5연이 아닐까 싶다. '그곳에 가면/피아노폭포 소리에 얼룩 씻고/상처 털어낸 여자가/시 쓰는 정경 만날 수 있'다. 이 시 속의 주인공인 '얼룩 씻고/상처 털어낸 여자'는 바로 시인 자신이라고 해도 무방하다. 즉 이 시는 대자연의 대유물인 피아노폭포를 찾아가 거기에 매료되어 위로를 받고 자연에 동화되어 뿌듯한 행복감을 만끽하고 있는 시인 자신의 자화상이기도 하다.

시인은 개인의 외로움과 그리움과 서글픔을 시창작을 통하여 이렇게 아름다운 서정으로 승화시킴으로써 자신의 외로움을 스스로 치유하고 있다.

그렇다. 대자연은 현실 속에서 얼룩지고 상처 받은 사람을 안아주고 어루만져주고 위안을 주는 어머니 같은 역할을 한다. 바람소리 새소리 풀벌레소리 따위도 매우 도움이 되겠지만, 특히 물소리는 아픈 사람의 마음을 달래주고 가라앉히는 뛰어난 치유의 효력을 지니고 있는 것 같다. 현대의학으로는 도무지 치료가 안 되는 환자들이 모든 걸 내려놓고 대자연에 귀의함으로써, 질병이 치유되고 갱생의 길을 걷게 되는 경우가 많이 있는 성싶기에 그러하다.

　이 같은 피아노폭포를 시의 소재로 삼은 이 시에는 물아일체가 된 정신적 편력을 만날 수 있다. 시인의 이 시 「피아노폭포」는 대자연과 인위적인 문명과 예술가인 시인과 삼위일체 된 풍모를 잘 표출했다는 점에서 시적 매력이 넘치는 가작(佳作)이라고 보아진다.

　이처럼 이순희 시인은 지속적으로 부지런한 자연친화를 통해 아쉬운 대로 현재의 건강을 유지하고 있는 것이 아닌가 싶다. 또한 시인이 자연친화를 집요하게 추구한 것은 심신의 피곤을 달래기 위한 수단이었음을 알 수 있다.

　　가파른 돌계단 숨차게 올라/마침내 해탈문에 이르니/갖은 시름 외로움 떨쳐내고/가부좌 틀고 앉은 약사여래상/자애로운 눈빛으로/북한강 굽어보고 있다　　―「수종사水鐘寺」2연

　　내 가슴에 새 한 마리 살아/빈 마음으로 살라 한다/부질없는 욕심 다 내려놓고　　　　　　―「성봉 가는 길」후반부 中

　　구드래 나루터에서/황포돛단배 타고/강바람에 머리카락 날리며/지친 몸과 마음 달랜다
　　　　　　　　―「백마강에서」2연 (以上 밑줄-筆者)

　위 시에서 엿볼 수 있는 바, 이순희 시인이 계속 전국 여기저기 자연을 찾는 것은 그동안 세속적 일상생활 속에서 겪은 번뇌와 시름을 씻어버리고 지우기 위한 자애정신에서 비롯된 자아관리의지의 소산이라고 보아진다. 요컨대 시인은 새벽이나 아침 산책을 통하여 아름답게 맞이하고 저녁 무렵에는 구드래 나루터나 궁남지

등을 찾아 석양과 저녁노을을 바라보면서 하루를 곱게 마무리하고자 하였다. 때로는 주거지에서 비교적 가까운 고란사나 수종사 같은 절을 찾아 '갖은 시름 외로움 떨쳐'버리고(「수종사(水鐘寺)」) 기분을 전환하고자 비교적 야산을 산책하기도 한 성싶다. 그리고 전국 여기저기 여행 삼아 새기운과 새정기를 얻을 겸 산을 찾아 '부질없는 욕심 다 내려놓고' 마음을 비우고(「성봉 가는 길」) 강을 찾아 거님으로써 '지친 몸과 마음 달'(「백마강에서」)래곤 하였던 것이다.

이상에서 살펴본 대로 이순희 시인의 자연친화 세계를 추구한 시를 총체적으로 조명해보면 시기적으로는 유년시절를, 계절적으로는 봄과 가을을, 기후적으로는 비를, 시간적으로는 하루 중에는 저녁노을 드리울 무렵 그리고 아침과 새벽을, 공간적으로는 산과 바다, 하늘과 폭포, 강과 내, 들길 따위를, 생물적으로는 꽃과 새를, 천체적으로는 석양과 달과 별 등을 선호하고 있다.

6. 영혼사랑(자기 영혼 돌보기)

사람이 자기 앞에 주어진 악상황과 불리한 여건을 받아들이고 순응하느냐 거부하고 저항하느냐는 순전히 개인의 문제다. 이때 자기 앞에 봉착된 개인적 불운과 불행에 그대로 순응하기만 하면 자칫 패배주의자 내지는 낙오자 심지어 염세주의자나 허무주의자로 전락될 수 있다. 반면에 자기의 불우한 처지와 면전에 닥친 당면과제나 운명적 불행을 어떻게든지 극복하려는 의지를 강하게 보이면 마침내 운명의 승리자 내지는 미래지향주의자가 될 수 있다.

그러기 위해서는 무엇인가 어떤 방법으로든 위기상황으로부터 희망과 집념과 투지로 부단히 탈출구를 모색해야 한다. 이것은 당사자 개인의 성실한 자애정신과 삶의 지혜 및 견고한 소망과 신념을 지닌 자생력에 따라, 즉 자아의 철두철미한 위기관리능력과 강인한 인내심과 의지력에 달려 있는 문제다.

무릇 모든 예술행위는 자기구원으로부터 시작되는 것이며, 또한 궁극적으로 자기구원에 두어야 한다. 만일 도도하고 허세를 부린 탓에 자기 자신도 구제하지 못하는 예술이라면 어떻게 그것이 남을 구원할 수 있겠는가? 그런즉 시 역시 자기구원으로부터 출발해 자기구원에 최종목표를 두어야 온당하다. 그러기 위해서는 먼저 자기 자신한테 진실해야 한다. 그리고 성심을 다해 겸허하고도 진솔하게 시적 묘미를 살려 올곧고 명쾌하게 써야 한다. 만일 시인 자신조차 뭔지 정확하게 모르고 자기도 감동·감화시키지 못하는 시가 어떻게 타인에게 시적 감흥을 불러일으키고 시적 울림을 형성할 수 있을 것인가? 또한 동시대 이웃들에게 공감대를 구축하지 못한 이런 작품 따위가 과연 어떻게 문학사에 살아남기를 기대할 수 있겠는가?

그리고 우리 시인한테는 자기 구원을 추구함은 물론 더 나아가 범대타적인 존재인 동시대 이웃들의 아픔을 감싸고 어루만지고 위안을 주어야 할 사명과 책무가 있는 것이다. 바로 여기에 진정한 문학의 사명과 존재가치가 있는 것이다. 따라서 예술가나 문인, 특히 문학의 꽃인 시를 창작하는 시인은 치열한 시정신으로 바람직한 주제나 소재를 토대로 시적 감동을 불러일으킬 수 있는 작품을 창작해 동시대 이웃들에게 기쁨과 격려, 위안과 꿈을 안겨주어야 할 막중한 소임이 있는 것이다. 그리하여 일차적으로 자기 영혼을 구제 받고 한 발 더 나아가 동시대 이웃들의 아픔을 감싸 이해하고 보듬아 끌어안으며 방황하고 표류하고 있는 그들의 영혼을 구원해 주어야 할 본분과 소명이 있는 것이다.

세상에서 가장 소중하고 보배로운 존재는 자기 자신이다. 그런즉 자기를 가장 사랑할 사람은 바로 자기 자신이다. 당연히 저마다 자기 자신을 사랑할 필요와 의무가 있다. 따라서 사람들은 각자 자기 자신의 생명과 품위와 존엄성을 깨닫고 어떤 일이 있어도 끝까지 자기 자신을 돌보고 지키며 사랑해야 할 당위성과 동시에 사명과 책무가 부여되어 있는 것이다.

　이순희 시인은 자기 자신의 불우한 운명을 종교에 귀의하고 자연친화, 시낭송과 시창작 등 문학과의 만남, 동물사랑 등으로 자위하면서 이를 극복하고자 힘쓰고 있다. 시인은 고난과 시련과 역경을 견고한 신념과 굳센 의지로 현명하게 초극해 나가고 있다.

　현실적으로 외로운 사람이, 영혼이 가난한 사람이 의지할 수 있는 것은 자기 자신보다 절대적인 능력을 가지고 있는 신(神)에게 의지하는 길이다. 종교는 심신이 가난하고 헐벗고 빼앗기고 소외받은 나머지 외롭고 괴롭고 희망을 잃고 삶의 욕망과 욕구에 대한 의지조차 상실한 채 정신적으로 방황하고 방랑하는 약자들의 보금자리요 귀향처가 될 수 있는 것이다. 특히 질병으로 인하여 죽음의식에 시달리는 환자일수록 절대자에게 의탁하려는 마음이 간절할 것이다. 투철하고 신실한 신앙은 정신적 구세주 내지는 버팀목이 될 수 있다.

　시인은 혼자가 된 이후, 정신적으로 한동안 심한 상실감과 우울증에 시달리고 정신적으로나 심리적으로나 안정을 찾지 못한 채 공황상태에서 방황한 성싶다. 시인은 거기에다가 병까지 앓게 된 것이다. 시인은 질병으로 말미암아 죽음에 대한 불안과 공포와 초조와 강박감에 몹시 보대껴온 것이다. 이때 시인은 지난날 처녀시절에 만난 하나님과의 재회가 이루어진다. 시인은 자기 자신의 모든 것을 하나님께 맡기고 매달림으로써 육신의 건강 회복과 영혼의 구원을 갈망하게 되었다. 이로써 시인은 심리적으로 다소나마 안정을 되찾을 수 있었다. 신앙심이 견고하고 독실한 신도의 경우에 자기가 신봉하는 절대자인 신에게 의탁하면 많은 위안과 축복을 받고 정신적 안정과 평화를 얻게 되는 바, 종교의 힘은 실로 큰 것임에 틀림없다.

이순희 시인이 오산리기도원을 찾아간 체험을 읊은 다음 시에는 개신교에서 신봉하는 하나님을 향한 신앙고백과 함께 너무나 애통하고도 간절한 갈구가 진솔하게 표백되어 있다.

> 오산리기도원 대강당에
> 구름처럼 몰려 든 사람들
> 지은 죄 내려놓고 뜨거운 눈물로
> 가슴 치며 통곡하는 밤
> 지나온 60여 년 발자취 돌아보니
> 걸어온 길 하도 부끄러워
> 아직 꺼지지 않은 죄의 잔재
> 성령의 불길로 태우사
> 까만 재로 토해내려 합니다
> <u>시나브로 꺼져 가는 몸</u>
> <u>내 영혼 낙엽으로 떠돌고 있을 때</u>
> 지금보다 조금 더 맑은 영혼과
> 온전한 몸으로 회복되기 간구하며
> <u>천국이 내 안에 있어</u>
> 하나님 뵈옵는 날 세마포 입고
> 기뻐 뛰며 춤추리다
> 오늘도 문 밖에 서서
> 날 기다려 주시는 예수님
> 나의 기도 들어 응답하시고
> 푸른 풀밭으로 인도하사
> 여호와의 집에서 영원히 살게 하소서
> ─「오산리기도원에서」 全文

종교행위는 주로 외롭고 아프고 가난하고 병들고 슬픈 사람들이 절대능력자인 신에게 의탁하기를 원하는 것이 일반적인 경향이다. 병마(病魔)에 시달려온 통에 심신이 피폐되고 심약해진 시인은 자신이 걸어온 지난날의 삶에 대하여 참회를 통해서 하나님께 귀의하고자 열망하고 있음을 엿볼 수 있다. 시인은 '기도원 대강당에/구름처럼 몰려'와 저마다 '지은 죄 내려놓고 뜨거운 눈물로/가슴 치며 통곡하는' 군중 속에 끼어 자신의 병든 육신과 황폐화된 영혼을 하나님의 사랑과 은총으로 기적적으로 치유되고 영혼이 구원 받기를 애타게 간구하고 있다. 이 점이 '시나브로 꺼져 가는 몸/내 영혼 낙엽으로 떠돌고 있을 때/지금보다 조금 더 맑은 영혼과/온전한 몸으로 회복되기를 갈망하고 싶'은 절박하고 애절한 심정이 역력하게 실토되어 있다. 이처럼 시인은 세속적 욕망을 포기하고 자신의 모든 것을 하나님께 맡김으로써 '오늘도 문 밖에 서서/날 기다려 주시는 예수님/나의 기도 들어 응답하시고/푸른 풀밭으로 인도' 받아 마음의 평화를 얻고 영혼을 구원받고자 간절히 희구했던 것이다. 또한 하나님께서 부르시면 '천국이 내 안에 있어/하나님 뵈옵는 날 하얀 세마포 입고/기뻐 뛰며 춤 추리이다'고 언제든지 영접할 마음의 각오와 함께 삶을 마무리할 준비가 되어 있음을 다지고 있다. 이런 신에 대한 예찬은 방랑하던 자기 영혼이 하나님의 손길에 의하여 이미 구원 받았음을 확신하고 있는 신실한 신앙심의 표명이 아닌가 싶다.

　다음 시에는 시인의 신앙심이 보다 시적으로 승화되어 있다. 시인의 신실한 신앙심을 엿볼 수 있는 시 「가을 숲에서」를 읽어보자.

　　가을 아침, 십자가가 굽어보는
　　언덕 위 교회 향해 올라갔다
　　마당귀 코스모스 여린 꽃잎 흔들며
　　눈인사로 반긴다

연기와 안개가 펼쳐놓은 수채화 한 폭
자동차 엔진소리 매달고
어디론가 바쁘게 끌려가고 있다
굳게 닫힌 성당 문
흔들리는 촛불 앞 성모 마리아는
누굴 위해 두 손 모아 기도하고 있을까
나지막한 동산 자드락길 들어서자
바람 한 점 없는 숲속 조용함
적막의 소리로 묵직하다
툭, 밤톨 구르는 소리에 화들짝
몸 움츠려졌다
하나님이 내려주신 만나인가
여기저기 널려 있는 밤, 밤, 밤
켜켜이 쌓인 낙엽에 채여
미끄러지면서 산길 산밤을 주웠다
가시면류관이 그럴까
찔리고 피 흘려도 아프지 않았다
문득 고개 들어보니
나뭇가지와 잎새 사이 성모상
날 향해 미소 짓고 있었다

—「가을 숲에서」 全文

어느 저명한 신학자는 '삶이 두려워 사회(社會)가 형성되었고, 죽음이 두려워 종교(宗敎)가 발생했다'고 종교발생론을 역설한 바 있다.

시인은 생활근거지 중심으로 산책을 통하여 무너져가는 자신의 건강을 애써 유지한 성싶다. 위 시에서 가을 아침에 혼자 성당 뒤 야산을 산책하는 시인의 모습을 발견할 수 있다. 굳이 외롭다고 직토하지 않았어도 우리는 시인의 외로운 심정을 가늠할 수 있다.

이 시에서 시인은 외로운 처지에 놓인 자신을 종교에 기탁하려는 면모를 드러내고 있다. 시인은 오랫동안 잊다시피 신앙생활과는 먼 보통사람들과 같이 평범한 일상생활을 영위해오다가 혼자가 된 이후, 지난날 가족들과 떨어져 객지에서 외롭고 힘겹게 지내던 시절에 하나님을 만나 믿고 의지했던 예전의 신앙심이 되살아난 것이다.

시인은 가을 어느 날 아침산책에 나섰다. 집에서 가까운 '언덕 위 교회'를 향하여 올라간 것이다. 도중에 교회 '마당귀 코스모스'를 보고 '연기와 안개가 펼쳐놓은 수채화 한 폭' 같은 그 언저리 풍경도 보았다. 여기까지는 상쾌한 기분이다. 그렇지만 '자동차 엔진소리 매달고/어디론가 바쁘게 끌려가고 있다.' 바로 여기서 시인은 동시대 이웃들과 동떨어진 외로움이 엄습된 성싶다. 다들 출근길에 쫓기고 있는 반면에 시인 자신은 일터가 없이 한유하게 산책이나 하고 있다는 자의식에서 현대인으로서 도태된 자괴감과 함께 고독을 절감하게 된 것 같다. 시인은 자기의 현실적 고독을 신께 하소연이라도 하고 이를 위로 받고 싶었을 것이다. 그러나 냉혹한 현실은 외로운 영혼들이 아무 때나 자유롭게 찾을 수 있으면 좋으련만 심지어 교회마저도 문이 굳게 닫혀 있기에 이 또한 불가능한 현실을 통감한 것이다. 이에 대한 아쉬움과 안타까움이 '굳게 닫힌 성당 문'을 발견한 사실에서 여실히 감지할 수 있다. '굳게 닫힌 성당 문'은 곧 현대사회의 냉혹한 현실, 위안을 받고 안식을 취하거나 기댈 곳이 없는 현실을 뜻한다. 그리고 '흔들리는 촛불'은 정처 없이 방황하는 시인의 현주소 내지는 영혼의 방랑을 뜻하고 있다.

구교나 신교나 예수를 섬기기는 한 뿌리다. 개신교신자인 시인은 신교에서 칭하는 하나님 성전인 교회 대신 구교에서 칭하는 하느님의 성전인 교회(성당) 안에 들어가 기도라도 하고 싶은 마음이었다. 그러나 시인은 굳게 닫힌 성당 문 밖에서 '흔들리는 촛불 앞 성모 마리아' '누굴 위해 두 손 모아 기도하'는 모습을 열린 문을 통하여 가까이 다가가지 못한 채 '굳게 닫힌 문' 밖에서 보는 것으로나마 작은 위안을 삼는 선에서 멈추고 말아야 하는 안타까운 실정이다.

시인의 고독감은 '자드락길 들어서자' '바람 한 점 없는 숲속 조용함/적막의 소리로 묵직하다/툭, 밤톨 구르는 소리에 화들짝/몸 움츠려졌다'는 부분에 잘 드러나 있다. 하늘이 숫제 보이지 않을 정도로 큰나무들로 빽빽하게 숲이 우거진 대자연 숲속에 혼자 들어가 낙엽이 수북이 쌓인 가을숲길을 산행해본 사람은 실감했으리라. 대자연이 꼼짝달싹 못하게 심장을 걷잡을 수 없을 정도로 꽈악 조여 오는 듯한 중압감을 느껴보았을 것이다. 필자의 경우도 고등학교 1학년 때인 1970년 입산하고자 계룡산 은선폭포 부근 오성대 위 심우정사(尋牛精舍)를 기웃거릴 시기에 직접 체험해본 적이 있다. 그런데 더구나 나약한 여인으로서 혼자 산행했을 당시의 대자연이 압박해오는 위압감을 감내하기가 그리 쉽지 않았으리라 짐작된다.

요행히 시인은 산행 중 산길에 여기저기 떨어져 있는 밤을 '하나님이 내려주신 만나'라고 여기며 어린이처럼 동심으로 돌아가 '산길 산밤'을 신나게 주운 것이다. 시인은 '찔리고 피 흘려도 아프지 않았다'고 말하고 있다. 밤가시에 찔리면서도 밤을 줍는 재미에 푹 빠진 나머지 그 예리한 밤가시 통증을 별로 느끼지 못했던 것이다. 신앙심이 신실한 시인은 밤을 줍다가 날카로운 밤가시에 찔린 아픔을 통해서 가시면류관을 쓰고 십자가에 못 박혀 돌아가신 예수님의 고난과 아픔을 연상하고 있다.

시인 자신의 이런 체험을 통해서 지난날 예수께서 우리 인류를 구원하기 위하여 기꺼이 죽음의 길을 택한 거룩한 인류구원자 예수님의 숭고한 죽음을 유추하고 있다. 이로 미루어 시인은 역시 투철한 신앙심이 몸에 배인 신자인 성싶다. 이 시의 핵은 아무래도 끝부분 '문득 고개 들어보니/나뭇가지와 잎새 사이 성모상/날 향해 미소 짓고 있었다'에 있지 않나 싶다.

정리컨대 이순희 시인은 가을 아침 산책 중 밤 줍기 체험을 통하여 결국 외로운 자기를 지켜주고 버팀목이 되어주며 사후에도 자기 영혼을 구원해줄 것으로 굳게 믿는 예수의 거룩한 죽음과 고난 및 성모 마리아의 자애로운 품안에 귀의함으로써 비로소 무한한 위안과 평정을 얻을 수 있게 된 기쁨을 노래하고 있는 것이다.

7. 불우이웃사랑 및 동물사랑

동물이나 식물은 복잡 미묘한 우리 사람과는 달리 아주 단순하다. 이것들은 애정과 관심을 주는 대로 수용되는 스폰지요. 베푸는 대로 반사되는 거울과 같다. 그래서 사람은 자기가 예뻐하거나 좋아하는 애완동물이나 선호식물한테 자기의 일방적인 사랑을 액면 그대로 수용하는 것이 가능하다.

흔히 인간사에 회의를 느끼거나 사람한테 상처를 입거나 이별이나 사별 등으로 말미암아 외로워진 사람들 중에는 개나 고양이 따위 동물을 사랑하는 이들이 다수 있다. 애완견(愛玩犬)이나 애묘(愛猫)를 통해서 대리만족과 위안을 느끼면서 이런 애완동물에게 이름을 지어주고 옷을 입혀주고 한 식구로 간주하며 실내외에서 서로 반기고 좋아하며 동거동락(同居同樂)하기도 한다.

사람은 감정이 있는 고등동물적인 존재이기에 자기와 밀접한 관계를 맺고 있는 가족이나 혈육, 가까운 친지나 이웃, 혹은 애완동물 등의 죽음이나 부상이나 사고나 불상사 따위를 접하게 되면 슬프고 안타깝고 상실감에 빠져 어쩔 줄 모르고 괴로워하기 마련이다.

  다음 시를 보면 이순희 시인은 정이 깊이 들 만큼 장기간에 걸쳐 길러온 애완동물 '여우'라는 강아지의 죽음을 슬퍼하고 있다. 시인은 지난날 가족과의 사별로 인한 너무나 커다란 슬픔들을 겪고 고통에 시달려왔다. 강아지의 죽음에 대한 슬픔은 예전의 큰 슬픔과 큰 고통을 희석시켜 주었던 것이다.

    고즈녘한 장미정원에
    여린 풀벌레소리
    창공 사르는 가을밤
    내 가슴 후비고 지나갔다

    밤하늘에 무수히 뜬 별
    빛 거두고
    은행잎 지는 거리에
    속절없이 찬비 내렸다

    여우의 초롱초롱한 눈망울
    내 마음 안에 있어
    나중에 밀려온 슬픔이
    먼저 온 큰 슬픔 덮어 주었다.
                                               -「여우를 묻고」 4~6연

  이 시에 등장하는 '여우'는 시인이 집에서 기르던 강아지 이름이다. 사람은 자기가 좋아하고 사랑했던 사람과의 이별이나 사별을 당했을 때, 무엇인가 대체 내지는 대용물이 있으면 심적 안정 회복에 보탬이 되고 위안이 될 수 있다. 애완동물의 경우, 이런 심적 빈 공간을 다소나마 채우고 미련과 슬픔을 견디고 극복하는 데 많은 도움이 될 수도 있을 것이다. 그래서 이별이나 사별한 대상의 빈자리를 보완하고 대신할 만한 적절한 사람을 만나지 못하게 되면 애완동물이나 어떤 대리만족감을 물색하는 경향이 있다.

　시인은 오랫동안 자식처럼 함께 지내고 산책길에도 동행해온 강아지의 죽음에 대하여 애통해하고 있다. 어쩌면 귀여워했던 강아지의 죽음은 예전에 사별한 사람들의 죽음에 대한 크나큰 슬픔을 환기시켜 한층 더 설움을 복받치게 만들었을지도 모른다. 정이 많은 시인은 죽은 강아지의 시신을 함부로 처분하지 않고 그 애완견이 살았을 때 산책길에 동행하곤 했던 '평소 잘 다니던 공원 나무 아래 묻어주었다'고 한다. 수목장(樹木葬)을 해준 꼴이다.

　이 시에서 눈여겨볼 부분은 '나중에 밀려온 슬픔이/먼저 온 큰 슬픔을 덮어 주었다'는 끝부분이다. 시인은 동물의 죽음 이전에 다수의 죽음, 특히 오빠나 부모 및 시가어른들과 배우자와의 사별의 크나큰 아픔을 겪은 분이다. 그러니까 애완견의 안쓰러운 죽음으로 인한 슬픔은 전에 겪은 이보다 훨씬 더 '큰 슬픔'이었던 가족의 죽음 때문에 받았던 엄청난 비애를 희석시켜 주었던 것이다. 그런즉 죽은 강아지는 살아서는 재롱을 부려 시인에게 기쁨을 주고 죽어서도 예전의 커다란 슬픔으로 인한 상처를 덮어 주는 역할을 하고 있으니, 시인의 입장에서 정말 소중한 애견이자 충견이 아닐 수 없다.

　그리고 시 「호두를 보내며」는 시인이 강아지 '여우'가 죽은 이후 10년가량 함께 지내온 애완견 '호두'와의 작별을 몹시 아쉬워하고 있다. 시인은 애완동물을 단순히 동물이 아니라 가족으로 여기고 자기의 자식처럼 생각하고 있다. 시인은 이 애완동물들과 아우러져 지내는 가운데 시인 자신의 불우한 처지와 외로움을 달래왔던 성싶다.

　시인은 이 시를 통해서 혼자 사는 기간에 자식처럼 여기며 함께 지내온 정든 강아지 '호두'와 개인적인 사정으로 부득이 헤어지게 된 이별의 아쉬움을 표백하고 있다. 이 시의 장점은 개인의 감정을 비교적 냉철하고 차분한 목소리로 작별의 심정을 토로했다는 점이 아닌가 싶다.

또 시인은 여러 해 동안 길냥이 고양이를 거두어들여 기르기도 하였다. 시「길냥이 심바」에서 보면 시인은 주인으로부터 버림을 받고 측은하게 지내던 길냥이 '심바'를 거두어 키워왔다. 시인은 밤에 우는 고양이를 애처롭게 여긴 나머지 '낮은 목소리로 이름 부르면/가만가만 다가와 멀뚱멀뚱 바라보는/작은 짐승 한 마리/품에 안고 자장가 불러 주니/호기심 어린 눈빛/순하디 순한 어린양이다'고 생각하고 있다. 그리고 가련하게 된 동물을 퍽 불쌍하게 여기는 시인은 주인으로부터 소박을 맞고 길거리를 헤매는 고양이, 즉 '어느 골목 후미진 담벼락에서/밤이면 밤마다 울고 있을/또 한 마리 길냥이 생각한다'고 돌봐주는 주인과 머물 집도 없이 이리저리 헤매는 딱한 고양이들에 대한 연민을 토로하고 있다.

이와 같이 이순희 시인은 자연을 즐겨 찾아가는 가운데 일상생활을 영위하면서 사람사귀기보다는 애완견이나 고양이 따위 동물과 목련을 비롯한 식물과의 만남을 더 선호하고 흐뭇하게 여기며 이를 즐겨온 것 같다.

8. 시낭송 사랑(시낭송을 통한 외로움 털어내기)

시인은 날이 갈수록 점차 악화되는 질병으로 말미암아 생계에 도움이 될 만한 직장생활조차 여의치 않아 이후 거의 일정한 직업도 없이 세상과 담을 쌓다시피 고립된 채 의기소침하고 적소하게 지낸 성싶다. 시인은 일상생활을 날마다 주로 주거지 주변의 공원이나 시골길 또는 야산 등을 산책하는 것으로 밋밋하게 소일한 것 같다.

그러던 어느 날 시인은 친지의 권유로 그분을 따라 시낭송 행사에 관객으로 참석했다가 거기서 우연히 예쁘장한 여성시낭송가와 정장차림의 남성시낭송가가 출연해 시낭송을 하는 모습에 매력을 느끼게 되었다. 시인은 곱게 차려입은 시낭송가들이 무대 위에서 시낭송하는 모습을 보고 '아, 저런 좋은 것이 있구나' 반색하였던 것이다. 그리고 그런 시낭송가들이 멋있게 보이고 부럽게 여겨졌던 것이다. 시인은 대뜸 '나도 하고 싶다'는 욕구가 용솟음쳤던 것이다. 말하자면 이때 시인은 문학과의 첫 만남이 이루어진 셈이다.

마침 이 시절, 이순희 시인은 앞으로 무엇을 해야 할까 고심하고 있던 차 시낭송에 첫발을 디딘 이래 점점 더 흥미를 느끼고 깊이 빠져들게 되었다. 시인이 시낭송과 처음 만나고 친하게 된 것은 곧 시인 자신의 슬픔을 달래기 위한 수단이 되었다.

시인은 어떤 한 가지에 흥미와 매력을 느끼고 빠지게 되면 성취욕이 남달리 강렬하여 열정과 집념을 가지고 자기 자신도 걷잡을 수 없을 만큼 부단히 몰입하는 기질의 소유자인 것 같다. 그래서 시인은 어떤 것에 끌리면 나름대로 확고한 신념과 목표의식을 견지하면서 집요한 성취욕과 강인한 의지력으로 열정을 쏟아 기필코 목표를 달성하는 체질인 성싶다.

이런 성향을 지닌 시인은 시낭송에 대하여 좀 더 가까이 접근하고자 적극적인 실천궁행 자세로 시낭송을 먼저 한 이 분야 전문가나 선배들을 찾아다니며 멋있고 맛있게 시낭송하는 방법과 요령을 익힌 것이다. 평생교육 차원에서 개설된 각종 문학 관련 특히 시낭송강좌 프로그램을 찾아다닌 것 같다. 이렇게 시인은 시낭송에 대하여 열성을 가지고 본격적으로 익힌 결과, 마침내 2012년 한국시낭송협회 주최 전국대회에서 우수한 성적으로 입상하여 시낭송가인증서를 취득하였다.

그렇지만 시인은 애석하게도 건강상 무대에 서서 낭송솜씨를 제대로 발휘할 수가 없었다. 그래서 시인은 시낭송 출연자로 무대에 서는 것이 여의치 않다고 생각하고 그 대신 집에서 혼자 시낭송을 열심히 하였다. 이처럼 시낭송에 재미를 느끼고 퍽 매료된 나머지 점차 심취하게 된 시인은 '문학을 사랑하고 시를 좋아해서 시낭송을 즐겨왔고 시낭송가로서 국내외 名詩를 비롯하여『성경』의 시가서(시편, 잠언, 전도서, 아가, 욥기)도 낭송해서 가까운 이웃들과 공유하고자 노력했습니다.'(「시인의 말」中)고 밝히고 있다. 매사 의욕적이고 적극적인 성향의 시인은 시낭송에 대한 자신감이 생기자 명시들을 시낭송동영상으로 제작하여 친지들을 위시하여 친분이 있는 문인들과 동시대 이웃들과 두루 공유하기에 이르렀다. 이렇게 시인은 자신이 제작한 시낭송동영상을 시 보급대상의 영역을 점차 확산시켜 널리 전달하는 가운데 외롭고 고달픈 삶에 많은 위안을 느낄 수 있었을 것으로 보아진다. 이와 같이 시인은 자기가 낭송한 시를 녹음한 파일과 동영상을 전자우편 및 문자메시지나 카톡을 통하여 타인들에게 전함으로써 나름대로 문학작품 보급 및 문학애호인 확대에 이바지한 것이다. 시인은 여기서 그치지 않고 하나님에 대한 신앙심도 한층 더 신실하고 견고하게 다져나갈 겸『성경』, 특히 시가서 4권(시편, 전도서, 잠언, 아가)도 낭송해서 혈육들과 알고 지내는 가까운 교우들에게 전송하였다. 시인은 한 발 더 나아가 평소 우호적인 친분을 맺고 있는 주변 친지들에게까지 복음낭송 동영상을 배포함으로써 동시대 이웃들을 향하여 은근히 복음운동을 펼친 셈이다.

　시인이 시낭송에 대하여 얼마나 애정과 관심을 품고 있는가는 다음 시에 역력하게 표백되어 있다.

　　　하늘이 주신 달란트
　　　시

그리고 낭송

어쩌다 좋은 시 만나면
어린아이처럼 설레는 가슴
시와 함께 잠들고
시와 함께 눈 뜬다

세상은 어둠 속에 저물고
홀로 깨어 읊조리는 밤
시혼詩魂의 바다로 노 저어간다

시와 음악과 낭송이 하나 되는
뜨거운 밤은 지나가고
빈 가슴에 불꽃으로 타올라
새아침 찬란한 빛으로 떠오른다

슬픔이 있는 곳에 위로를
아픔이 있는 곳에 치유를
절망이 있는 곳에 희망을
시낭송은 보이지 않는 힘이 있다

내 삶의 기쁨이요 행복이요
때로는 간절한 외침이다
아무리 마셔도 마르지 않는
심혼心魂의 샘물이다

시를 낭송하는 일은
스러져 가는 영혼을 위한 기도다
하나님께 드리는 나의 노래다

―「시낭송가의 꿈」 全文

시낭송에 대한 보기 좀처럼 드문 예찬이다. 가히 시낭송찬가(詩朗誦讚歌)라고 해도 손색이 없을 성싶다. 시인은 1연에서 시와 낭송을 '하늘이 주신 달란트'라고 여기고 있다. 시인은 '어쩌다 좋은 시 만나면/어린아이처럼 설레는 가슴'(2연)으로 반갑고 기뻤던 것이다. 그러면 이를 읽고 낭송연습차 암송하느라고 시간 가는 줄 모르고 밤을 새워가며 반복해서 외우느라고 심취했던 것이다. 즉 '시와 함께 잠들고/시와 함께 눈 뜬다'고 실토하고 있다. 시인은 밤에 시를 읊조리느라고 '홀로 깨어' '시혼의 바다로 노 저어간다'(3연) '시와 음악과 낭송이 하나 되는/뜨거운 밤'(4연)을 보내고 새아침이 밝아올 때까지 연습에 열중하곤 한 성싶다. 사람은 자기가 좋아하는 일에 빠지면 적어도 그 시간만큼은 다른 고민을 잊고 외로움조차 망각하게 되기도 한다. 시인 역시 시낭송에 푹 빠져 '빈 가슴에 불꽃으로 타'오를 정도로 재미를 붙인 것이다. 이처럼 시인은 무엇에 한 번 매료되어 빠지게 되면 그것밖에 모르고 줄창 매진하는 열정과 집념의 소유자인 성싶다. 시인과 시나 시낭송은 뗄래야 뗄 수 없는 혼연일체 상태라고 해도 지나친 말이 아닐 만큼 심취되어 있는 것이다. 시인이 그렇게 된 데에는 '시낭송은 보이지 않는 힘이 있다'고 느꼈기 때문이다. 즉 '슬픔이 있는 곳에 위로를/아픔이 있는 곳에 치유를/절망이 있는 곳에 희망을'(5연) 주기 때문이다. 시인은 시낭송을 연습하고 시를 사랑하는 가운데 여러 가지로 많은 도움을 받은 성싶다. 시낭송의 효과 내지는 효력인 셈이다. 그러니까 시낭송은 외롭고 아픈 시인한테 위로를, 치유를, 희망을 안겨준다고 노래하고 있다. 특히 시인의 경우, 시낭송이야말로 개인적으로 '내 삶의 기쁨이요 행복이요/때로는 간절한 외침'이었던 것이다. 그러기에 '아무리 마셔도 마르지 않는/심혼(心魂)의 샘물'(6연)로 여겨졌던 것이다. 따라서 시인한테 시낭송은 인생의 희로애락을 함께 공유하는 인생의 반려자 내지는 언제나 동행하는 그림자와 같은 존재였던 것이다. 이런 연유로 시인이 '시를 낭송하는 일은/스러져 가는 영혼을 위한 기도다/하나님께 드리는 나의 노래다'(7연)고 선언하게 된 것이다.

　우리가 시낭송을 잘하기 위해서는 우선 선택한 시를 완벽하게 외울 수 있을 만큼 자주 읽어야 한다. 그 다음 그 시를 쓴 시인의 정신적 편력 내지는 그 시 속에 담겨 있는 내적의미까지 이해해야만 한다. 옛사람들이 이르기를, 백 번 읽으면 뜻(文理)이 저절로 나타난다고 하였다. 따라서 이런 경지에 이를 만큼 성심성의껏 노력하는 시낭송가, 그런 마음가짐을 지닌 시낭송가가 읊조리는 시낭송을 통해서야만 그 작품을 접하게 되는 청중들로 하여금 보다 시적감흥과 시적감동을 불러일으킬 수 있을 것이다. 또한 온 정성을 쏟아 전달자로서의 소임과 책무를 충실히 이행했을 때 진정 각광 받는 유능한 시낭송가로 자리매김이 될 수 있을 것이다.

　적어도 이 당시 이순희 시인한테 시낭송은 자기 영혼을 구원하는 방안이자 하나님을 향하여 다가가는 예배, 일종의 신앙과도 같은 것이었다. 이 시는 명실 공히 시낭송에 대한 최상급 극예찬이요 자기 자신의 존재의미 내지는 자긍심을 부여 받을 수 있는 유일한 생명줄로 확신할 만큼 시낭송을 신성한 종교에 버금가는 존재쯤으로 여기는 고백이라고 간주된다.

　사람은 누구나 무엇인가 취향에 끌리고 재미있는 일이 있어야 살맛을 느끼게 된다. 또 자기가 하는 일에 보람을 느낄 수 있어야 행복하다는 생각이 들 수 있는 것이다. 시인의 경우, 자기 자신한테 삶의 기쁨과 보람을 느끼게 하는 일은 바로 시낭송이었던 것이다.

　아무튼 우리는 이 작품을 통해서 시인이 얼마나 시낭송에 깊이 매료되어 있고 또한 이에 대한 희망과 포부가 어느 정도인가 미루어 충분히 짐작되고도 남는다. 시인은 시낭송과의 만남을 통하여 외로움을 다소나마 약화시키고 새로운 삶의 욕망을 불러일으키게 된 것이다. 이처럼 시인에게 시낭송이야말로 외로운 삶을 견디는 버팀목이 되었던 것 같으며 이를 통해서 많은 위안을 얻었던 성싶다. 그래서 삶에 의욕이 강한 시인은 시낭송을 통하여 시의 맛과 매력을 실감하게 된 것이다.

    시낭송은 여러모로 장점이 많다고 보아진다. 첫째 시낭송을 거듭 연습하는 과정을 통해 자연스럽게 시와 친해질 수 있는 계기가 마련되고 시를 사랑하는 교양인이 될 수 있다. 둘째 시낭송을 연습하는 과정에서 좋은 시 감상뿐만 아니라 생산적인 여가선용 및 삶의 무료함을 망각할 수 있다. 셋째 무대에 설 수 있는 기회가 생겨 자기 존재를 대중 앞에 드러내 수 있는 초석이 다져질 수 있다. 넷째 시낭송을 통해서 다수 문인들과 인간적인 친교의 시간이 마련된다. 다섯째 카페나 유튜브를 통해서 시낭송과 관련된 사람들과의 인간관계의 폭이 확산될 수 있다. 여섯째 시낭송가로서 각종 문예 행사장 무대서기나 방송 출연 등을 통하여 출연료를 받게 되는 기회가 생긴다. 일곱째 시낭송을 연습하는 과정을 통해서 기억력 강화의 계기가 마련되어 치매예방에도 도움이 될 수 있다. 여덟째 시낭송을 통하여 좋은 시와의 만남의 기회가 마련되어 정서순화 및 마음닦기에 보탬이 될 수 있다. 아홉째 시낭송을 통해서 좋은 시에 대하여 공감과 감동을 받고 나도 쓰고 싶다는 자기표현 욕구가 발아되고 시인으로서의 자질과 재능을 다지게 될 수 있다. 열째 시낭송 동영상 제작 및 공유과정을 통해서 스스로의 힘으로 또는 역량 있는 문인과의 만남의 발판이 마련되어 문단에 데뷔하는 결정적인 계기가 마련될 수 있다. 이런 것들은 시낭송의 귀한 시너지효과가 아닐 수 없다.

    시인은 시낭송에 정진하는 중 이런 시낭송의 여러 효능과 가치들을 실감하고 이를 높이 인정하게 된 것이다. 그러기에 이와 같은 시낭송찬가를 쓰게 된 것으로 보아진다.

이순희 시인은 일차적으로 타고난 고운 목소리를 선용하여 시낭송에 흥미를 느끼는 가운데 암울한 현실로 인한 외로움을 달랠 수 있는 크나큰 위안의 수단으로 삼을 수 있게 된 것이다. 따라서 시인한테 시낭송은 실로 매료의 대상이 되어 시인한테 긴 가뭄 끝에 내린 단비였던 셈이다.

시인은 시낭송을 하기 위한 대상작품을 고르는 과정에서 이 시 저 시 찾아다니는 중 마음에 드는 좋은 시들을 만나게 되면 밤낮을 가리지 않고 시간 가는 줄도 모른 채 깊이 젖어들었던 성싶다. 시인은 시낭송을 통한 문학작품 보급에 이바지하는 가운데 훌륭한 시인들이 쓴 동서양의 수많은 명시들을 접하게 되었다.

9. 시 사랑(시창작을 통한 자기 구원)

이순희 시인은 시낭송을 하고 동영상을 제작하는 과정에서 좋은 시들을 많이 접하면서 자연스럽게 시인도 자기 자신의 내면을 글로 써보고 싶은 표현욕구가 생겼던 성싶다. 즉 시낭송 동영상 제작 과정을 거듭 거치는 새 은연중 나도 시를 쓰고 싶다는 생각이 들게 되고 나중엔 나도 시인이 되고 싶다는 창작의욕과 호기심이 생겨 습작을 시작하게 된 것으로 보아진다.

시인은 건강상 무대에 서서 관중을 상대하는 것을 접고 집에서 시낭송을 녹음하는 것으로 대체하는 한편, 시인은 시창작에 심혈을 쏟았던 것 같다. 이렇게 시인이 현실을 거부하거나 거스르지 않고 순응의 자세를 취해 있는 그대로 수용하고 지혜롭게 적응해 나가는 것이야말로 슬기로운 변신이라고 여겨진다.

그래서 이순희 시인은 <수원문학아카데미>에 참가해 본격적으로 문학일반 및 시작법에 대하여 열심히 익혔다. 이처럼 시인은 운명에 굴하지 않고 바깥바람을 쐴 겸 부지런한 산책을 통하여 건강관리를 하는 한편, 건강의 악화로 인한 음성의 변색 때문에 자기의 소질과 실력을 마음껏 발휘할 수 없는 시낭송 대신 시창작에 홀려 점차 매진하게 되었다. 이런 문학수업 과정을 거쳐 드디어 2018년 ≪문예비전≫ 신인작품모집 응모를 통하여 당선의 영광을 안고 문단에 시인으로 데뷔하게 되었다.

> 내 의지와는 상관없이 펼쳐진 희로애락의 삶 속에서 <u>영혼의 아픔을 치유하고 내 안의 소리 없는 외침</u>을 한 줄 시의 언어로 드러낼 수 있도록 나의 기도를 응답하신 하나님께 겸손함으로 무릎 꿇습니다.
> －≪문예비전≫ 2018년 봄호 <당선 소감> 中 (밑줄-筆者)

시인 데뷔 <당선 소감>에 밝힌 대로 시인은 자기 '영혼의 아픔을 치유하고 내 안의 소리 없는 외침'을 본격적으로 표출하기 위하여 시인으로 등단하게 된 것이다. 이러는 가운데 시인은 외롭고 고달픈 삶에 많은 위로를 받을 수 있었을 것으로 가늠된다.

그렇다면 문학은 버림받고 슬픈 인간의 영혼을 구원할 수 있는가? 과연 소외받고 밀려나고 서글픈 한 인간이 문학을 통하여 삶의 의미와 의욕을 회복하고 삶의 리듬과 보람을 느낄 수 있는가?

'미(美)만이 인류(人類)를 구원(救援)할 수 있다.' 러시아가 낳은 세계적인 대문호 도스토예프스키(Fyodor Mikhailovich Dostoevsky)의 말이다.

실상 우리네 인생살이는 순조롭고 평탄한 것만은 아니다. 한 세상 사노라면 크고 작은 시련과 굴곡이 있기 마련이다. 어쩌면 인생은 고뇌에 찬 선택의 연속이자 아슬아슬한 파도타기의 연속일지도 모른다. 이순희 시인의 경우, 실로 암울하기 짝이 없는 막다른 길목에서 슬픔과 외로움과 덧없음, 거기에다가 졸지에 생긴 질환의 혹독한 시달림으로 말미암아 죽음에 대한 불안과 초조와 공포에 사로잡혀 연약한 한 여인으로서 감내하기 버거운 시절을 보냈다. 이때 시인은 지난날 만났던 하나님을 다시 만나게 되어 가혹할 정도의 불우한 처지에 놓인 자신의 모든 것을 맡기고 가까스로 참고 견디는 인고(忍苦)의 세월을 보낸 질곡(桎梏)의 여정이었다고 해도 지나친 말이 아니었던 성싶다.

요컨대 시인은 시낭송과 시창작을 통하여 자신의 불행한 현실을 극복하고 인내와 집념으로 문학에 열중하였다. 시인은 시창작을 통하여 자기 자신의 가슴속에 맺힘을 덜어내고 진솔하게 표백하였다.

우리는 다음 시를 통하여 시인이 얼마나 시에 매료되고 심취되어 있는가를 역력하게 엿볼 수 있다.

    세상에서 상처받고
    물에 빠지고
    돌에 차이고 미끄러지고
    뿌우연 먼지 뒤집어쓰고 헤매다가
    흔들리는 나의 영혼
    맑은 물가로 인도하고
    한 줄기 빛 속으로 빨려 들어가게 하는
    강한 힘이 있구나
    너는

    들꽃처럼 향기롭고 아름다우며
    오래 된 친구같이 편안하고
    애인만큼 사랑스럽고
    아가의 웃음마냥 깨끗하고
    하나님인 양 신비롭구나

너는

긴 밤 지새우게 하고
민낯 드러내지 않아 궁금하게 하고
깊은 바다로 빠지게도 하고
비 오는 날
빗속에서 눈물로 시 쓰게 하고
눈 내린 새벽녘엔
하얀 날개옷 입은 여신 되어
비상 꿈꾸게 하는구나
너는

신 앞에 무릎 꿇고 기도하게 하고
명상 속에서 참된 자아 만나 우주를 품게 하며
평안과 감사와 행복 선물해 주는 詩
너와 친해지고 싶다
나는

―「시詩, 너와 친해지고 싶다」 **全文**

  사람은 누구나 크고 작은 설움과 아픔을 겪게 된다. 이를 무엇인가로 치유해야만 정신적으로 건강한 삶을 영위해나갈 수 있다. 이순희 시인의 경우에는 하나님과 만나는 신앙생활 이외에 시낭송에 매력을 느끼고 시낭송을 통하여 좋은 시들과 만나게 되었다. 여기서 한 발 더 나아가 자기 자신도 알게 모르게 은연중 시창작에 젖어들게 되었다. 그래서 시인은 문단에의 등단절차를 밟아 본격적으로 시창작에 임하는 문인이 되었다.
  시인은 위 작품에서 시(詩)를 의인화 처리하고 있다. 시를 진실로 사랑하고 있다. 시에 푹 빠져 있음을 여실히 엿볼 수 있다. 시에 미쳤다고 해도 지나친 말이 아니다. 시인한테 시는 아픔과 설움과 외로움과 그리움을 치유하는 자위책이자 진통제와 같은 특효약이 되었던 셈이다.

　시인은 '시, 너와 친해지고 싶다'고 밝히고 있다. 그 이유에 대하여 죽 진술하고 있다. 1연에서는 삶을 영위하다가 상처 받은 시인의 마음을 '흔들리는 나의 영혼/맑은 물가로 인도하고/한 줄기 빛 속으로 빨려 들어가게 하는/강한 힘'이 있기 때문이라는 것이다. 그래서 2연에서는 시를 '들꽃처럼 향기롭고 아름다우며/오래 된 친구같이 편안하고/애인만큼 사랑스럽고/아기의 웃음마냥 깨끗하고/하나님인 양 신비롭구나'라고 짝사랑의 세레나데를 토하고 있다. 그것은 시가 미와 향을 겸비한 들꽃 같고 친구 같고 애인 같고 천사처럼 순수무구한 아기의 웃음과 같고 신같이 신비로운 대상으로 여겨졌기 때문이다. 그리고 3연에서는 '긴 밤 지새우게 하고/민낯 드러내지 않아 궁금하게 하고/깊은 바다로 빠지게도 하고/비 오는 날/빗속에서 눈물로 시 쓰게 하'였던 것이다. 시인은 이와 같이 신성하고 신비한 대상인 시를 쓰느라고 시작에 홀려 일부러 밤새 잠을 자지 않았으며 또한 비가 오는 날에는 중얼거리게 되었던 것이다. 그만큼 시인은 시에 매료되어 있고 심취하게 된 것이다. 이처럼 시를 너무나 사랑하는 시인은 특히 시란 '눈 내린 새벽녘엔/하얀 날개옷 입은 여신 되어/비상 꿈꾸게 하는' 존재인 것이다. 한편 우리는 여기서 시인이 시와 진정으로 만나기 위하여 얼마나 노력했는가 하는 이면도 감지할 수 있다. 이런 애태움은 시는 이루어질 수 없는 베일에 가려진 신비의 대상, 영원한 짝사랑의 대상이라고 절감하고 있음을 고백하고 있는 꼴이다. 마지막 4연에서는 시인이 시를 쓰고 사랑하는 근본적인 이유 내지는 당위성은 바로 '신 앞에 무릎 꿇고 기도하게 하고/명상 속에서 참된 자아 만나 우주를 품게 하며/평안과 감사와 행복 선물해 주는 詩'라고 예찬하고 있다. 그러기에 시인은 시를 열렬하게 짝사랑하다시피 연모하기에 이르고 또한 자신의 생명이 다하는 그날까지 그런 시를 뜨겁게 사랑하기로 스스로 다짐하고 있다고 보아진다. 실상 시인의 인생에 있어서 시는 먼저 접한 시낭송과 함께 시인 자신과 하나인 셈이다. 즉 시인한테 시는 삶 그 자체라고 해도 지나친 말이 아닐 성싶다. 이처럼 시는 절대적인 신뢰와 신봉의 대상인 것이나 마찬가지다. 그러기에 시인은 시와 친해져서 시와 더불어 살아가고자 갈구한다. 시를 향한 열정적이고도 무한대적 짝사랑의 고백이다. 시를 향한 진짜사랑이 아닐 수 없다. 그러니까 시낭송과 시창작 등 문학과의 만남은 시인 자신에게 무엇인가 할 일을 제공하여 삶에 대한 의욕 내지는 새바람을 불러일으켰다. 이는 무력했던 자신의 존재가치에 대한 삶의 의미와 명분을 부여하여 위풍당당하게 홀로서는 데 귀중한 밑거름이 되었다. 그래서 시는 일정한 직업이 없이 진종일 무료하게 보내던 시간을 유익하게 선용하게 만들고 상처를 달래주는 위무제가 되었다. 그리고 시를 통해서 시인 자신의 내면에 맺힌 한과 하고 싶은 말과 사연을 언어로 표출하는 특권을 누리게 되었다. 또한 자기가 쓴 시가 예술창작행위가 되고 동시대 이웃이나 친지들에게 위로를 안겨주는 선물이 되었다.

 이상에서 살펴본 바와 같이 이순희 시인은 시낭송을 통해서, 그리고 시창작을 통해서 구제를 받았다고 자부하고 있는 성싶다.

 우리는 각자 아무리 현실이 가혹하고 험난할지라도 시련과 역경과 절망을 딛고 일어서야 하는 자기 존재의 존엄성 내지는 당위성이 있는 것이다. 이것을 깨우치면 어둠 속에서 빛을 발견한 개안(開眼)인 것이다. 우리는 비록 설령 현세에서 물질적으로 소유하고 가진 것이 별로 없을망정 세속적으로 부질없는 욕망과 소유욕을 내려놓고 비우면 마음의 안정과 평화를 얻게 되는 것이다. 이와 같이 다잡아나가려는 삶을 지향하는 시인에게 있어서 시는 그 어떤 것보다 심적으로 위안을 안겨주고 삶의 기쁨과 보람을 느끼게 해

준다. 더 나아가 시는 현실적으로 외롭고 고달픈 일상생활을 영위해나감에 있어서 소중한 정신적 지주가 될 수 있는 것이다. 따라서 이순희 시인한테 있어서 시야말로 서러운 시인의 삶을 지탱시켜 줄 수 있는 유일한 소일거리요, 재미거리요, 자위책이요, 진통제요, 비타민이요, 옹달샘물이요, 솔바람이요, 청량음료수인 셈이다.

이렇게 본다면 이순희 시인에게 있어서 시 쓰기는 삶의 크나큰 낙이요, 고독한 운명을 품고 견디어나가는 버팀목 내지는 생존의 비결이기도 한 것이리라. 즉 외로운 시인은 시를 통해서 많은 위안을 얻고 정신적 보상을 받고 기쁨과 즐거움을 느꼈을 것이다. 이것이 시인의 존재의미이자 동시에 시인만의 행복을 추구할 수 있는 현명한 최선책이 아니었을까 싶기도 하다.

이순희 시인은 시를 통해서 최소한 자기 자신을 구제하고 있는 것으로 간주된다. 이쯤이면 시인은 시낭송과 곁들여 시가 나름대로 하나님을 섬기는 신앙과 함께 자기 구원의 길이 열린 셈이다.

요컨대 이순희 시인한테 있어서 시는 삶의 이정표, 어머니, 아버지, 아들, 형제자매, 벗, 스승, 동행자, 간호사, 전문상담자, 의사, 구원자, 정신적 동반자 등과 같은 역할과 기능을 수행하거나 대행하고 있는 셈이다. 따라서 시인은 천상 시를 쓸 수밖에 없는 한 사람임에 틀림없다.

10. 이웃사랑(대타적인 존재에 대한 이웃애)

무릇 예술가는 누구보다도 동시대인의 아픔과 고뇌 따위 애환을 감싸주고 어루만져주고 슬픔을 함께 나누며 어려움을 당한 이웃에게 희망과 용기와 격려를 건네고 인정을 베풀 줄 알아야 한다. 또한 우리 시인한테는 당연히 이 같은 본연의 사명과 책무가 있는 것이다.

시인이 자기 자신을 구제하는 단계에서 한 차원 승화시켜 동시대 수많은 이웃들까지 구원의 손길을 뻗어줄 수 있는 시인이 되었을 때 시인으로서의 지고지순함과 존재가치가 있는 것이다. 그렇게 되기 위해서는 시인은 보다 세계에 대한 시야와 안목을 넓히고 이를 확산시켜 통찰력을 기르고 결단력을 발휘하여 자기 시세계의 과감한 해체를 거쳐 체질을 개선해 나가야 온당할 것이다.

예술이란 사람, 자연, 역사적 사건, 사물이나 형상 등에 대한 끊임없는 관심과 사랑으로부터 발아되는 것이다. 또한 범대타적인 존재들에 대하여 애정과 관심의 눈빛으로 줄곧 바라보고 근본적으로 무엇이든 고운 시선으로 사랑하는 마음과 정이 넘치고 많아야 창작생활을 계속할 수 있는 것이다.

그렇다면 당대의 정신적 지도자 내지는 파수꾼인 시인을 위시한 우리 예술인한테는 현대인들의 골이 깊을 만큼 차갑고 단절된 너와 나의 인간관계의 고리를 개선하고 인정의 꽃밭을 일구어 꽃을 가꾸고 꽃들이 활짝 피게 함으로써 두루 살맛나는 세상을 만드는 데 솔선수범해서 주도적으로 힘써야 할 소명과 책임이 있는 것이다. 노예제도를 반대한 미국의 사상가이자 수필가 소로(H.D. Thoreau)는 '행복한 삶이란 나 이외의 것들에게 따스한 눈길을 보내는 것이다.'고 말하였다.

시인의 시선은 동시대 궁핍하고 슬프고 병들고 힘없는 약자를 향한 애정과 관심에 의한 사랑에서부터 출발되어야 한다고 보아진다. 이순희 시인 역시 사회로부터 버림받고 밀려나고 지치고 병들고 나약해진 사람을 향한 사랑에서부터 시발되어 있음을 볼 수 있다.

　　무겁게 내려앉은 하늘
　　운무에 가려진 앞산

꾸물대고 있는 회색빛 아침

한 사내가 길 끝에 퍼질러 앉아
짐승처럼 울부짖으며
소주를 물처럼 마시고 있다

취한 듯 몸을 가누지 못하고
길바닥에 쓰러져 울다가
일어나 다시 소주를 마신다

코로나에 마스크로 입 막고
마음까지 닫아 버린 무심한 세상에
무슨 사연에 저토록 슬피 우는가

울고 있는 남자 피해
딴 데 시선 두고 지나치거나
돌아가는 표정 없는 사람들

왜 울고 있는지 묻는 사람도
달래주는 사람도 없는
남루한 사내의 어깨 위에
눈물처럼 비가 내리고 있다
   　　　　　　　　－「회색빛 아침 풍경」 全文

   시인은 시 「회색빛 아침 풍경」에서 아침 산책길에 무언가 슬픈 사연 때문에 아침부터 술에 취해서 울부짖는 남자를 목격하고 그냥 지나치지 못하고 이런 약자에 대한 측은지심을 느낀 것이다. 시인은 아침 산책길에 나섰다가 '길 끝에 퍼질러 앉아/신음하듯 울부짖으며/소주를 물처럼 마시고 있'는 남자를 발견하고 안쓰러워 연민하고 있다. 지금은 '코로나에 마스크로 입을 막고/마음까지 닫아 버린 무심한 세상'이다. 이런 인정이 메마른 매정하고 무심한 세상인지라 다들 자기 살기 바쁜 동시대 뭇사람들은 '울고 있는 남자를 피해/딴 데 시선을 두고' 그냥 지나치고 있다. 동시대 이웃이 괴로워 몸부림치고 있음에도 타인에 대해 무관심한 현대인들의 비정함 내지는 너와 나의 인정의 꽃밭이 메말라버린 인심이 사나운 오늘의 세태를 안타까워하고 아파하고 있다. 아침부터 술에 취해 울부짖는 사람에 대한 시인의 애정과 관심의 시선, 여기에는 마음이 지치고 가난한 대상이 부디 삶의 의욕과 희망을 회복해 용기와 의지로써 다시 일어나 꿋꿋하게 걸어 나갈 것을 간절히 바라는 시인의 기도가 담겨 있는 것이다. 무언가 개인적인 슬픔에 처해 너무 괴로워서 몸부림치고 있는 타인을 향한 애정과 관심을 드러낸 인정의 표명은 이웃사랑의 정신의 발로라는 점에서 매우 고무적이고 반가운 일이 아닐 수 없다. 이 시는 시인이 자기의 서글픈 운명에 대하여 급급하던 처지에서 자신의 고뇌와 번민의 늪으로부터 어느 정도 탈출하게 되었음을 시사하고 있다.

  이 작품의 밑바닥에는 시인의 동시대 이웃을 향한 연민의 정과 더불어 살아가는 세상이 펼쳐지기를 희구하는 이웃사랑정신이 흥건하게 깔려 있다. 이웃사랑의 대상은 자본주의와 현대문명에 밀려나고 소박맞은 사람들, 사회적으로 신분이 낮거나 궁핍한 소외계층의 사람들, 너무나 빠르게 돌아가는 현대사회의 속도와 리듬에 항상 쫓기고 잔뜩 찌든 나머지 한낱 기계의 부속품이나 로봇처럼 살고 있는 사람들, 예전에 끈끈하게 맺어졌던 훈훈한 상호간의 인정을 잊어버리고 팍팍하게 살아가고 있는 친지들 등을 두루 포함한다. 따라서 시인은 이 시를 통해서 정겨운 인정마저 망각한 채 지나치게 개인주의 혹은 이기주의에 빠진 사람들에게 사랑과 추억과 낭만을 다시 찾아주고 동시대 이웃 상호간에 서늘하게 식고 살벌하게 차단된 인간관계가 회복되기를 소망하는 마음이 담겨 있다고 보아진다. 인간 본연의 순진무구한 세계로 되돌아가 서로 나누고 잔정을 베풀면서 더불어 살아가는 사회가 실현되기를 바라는 것, 바로 이것이 시인이 보다 아름답고 향기로운 세상, 시인이 꿈꾸고 있는 세계건설을 위한 기도이자 소망사항인 것이다. 그러니까 시인은 나직한 목소리로 인간회복을 제창하고 있는 셈이다.

그리고 시인의 시선은 우리 사회가 안고 있는 안타까운 모순과 부조리 현상에 대하여 예리한 고발로 확산되고 있다.

경기도 안산시 단원구 선감동
대부도 옆 작은 섬
속세 떠난 사람
구름과 학 벗 삼아
맑은 물에 몸 씻었다는 선감도
여기 검은 구름 몰려왔다
가난한 나라 아이들이
땅거미 지도록 돌아오지 않는 아빠를
기다리며 거리 서성거리다
허리춤에 몽둥이 찬 순사
손에 잡혀 끌려간 서해 아름다운 작은 섬
부모도 있고 형제도 있는
십대 청소년들 부랑아로 몰려
섬에 갇힌 아이들은
염전 노역하며
배고파 쓰러져도
일과 끝나지 않았다
강제노동과 갖은 폭력 견디다 못해
목숨 건 탈출

그리운 가족과 자유 찾아
칠흑 어둠 틈 타
바달 헤엄쳐 벗어나도
검은 물살 넘지 못한 채
파도에 밀려 둥둥 떠다녔다
가마니에 둘둘 말린 채
땅속에 묻혀서야
더 이상 고통 잊었다
누가 선감도仙甘島라고 했는가
눈 뜨고는 차마 볼 수 없는
피눈물 아직 마르지 않은
고아 아닌 고아로 이루어진 섬
소년들의 슬픈 눈물인 양
하염없이 비가 내렸다

―「선감도仙甘島」 全文

 시인은 관모 없는 입법자로서 시대의 지킴이다. 그런즉 시인은 스스로 역사의 파수꾼 역할을 수행해야 한다. 우리 시인은 사회의 부조리 내지는 모순 및 약자들의 비애를 보고도 모른 척 그냥 외면하거나 침묵으로 일관할 수는 없는 노릇이다. 적어도 살아있는 시인이라면 말이다.
 경기도 안산시 선감도에는 일제강점기인 1942년에 생겨 1982년까지 선도한다는 명분을 내세워 소년들을 강제로 수용하여 노동을 착취하던 곳인 <선감학원>이라는 소년강제수용소가 있었다고 한다.
 시 「선감도(仙甘島)」는 우리나라 청소년선도의 문제점 및 우리 사회의 부조리한 제도적 모순과 우리 사회의 병들고 몰락한 부패상에 통분한 나머지 날카롭고도 리얼리티하게 증언하고 신문고를 울리고 있다. 이 제도는 애초 제정되지 말았어야 하는 악법이었다고 보아진다. 그 이유는 첫째 처음부터 일제강점기 못된 통치자들에 의해 졸속으로 잘못 제정된 청소년선도법이 아니었나 싶다. 무책임한 일부 파렴치한적 위정자들의 발상에 의해서 처음부터 신중하지 못하고 매우 위험하고도 안이한 발상에서 제정된 법이었던 것 같다. 둘째 선도할 청소년 대상자 선발 과정에서 무조건 실적위주의 마구잡이식 변칙운영방식으로 엄정성이 결여된 채 애꿎은 청소년들까지 부당하게 잡아들였다면 기성세대의 아주 잘못된 악행이었다고 간주된다. 셋째 운영과정에서 바람직하지 못한 제도적 폐단에 의한 직권남용의 횡포에 따라 교화적·교육적 방법이 바르지 않았던 성싶다. 어린 청소년들에게 고된 강제노동에다가 비인간적인 폭력으로 운영되고 추진되었다면 이는 기성세대의 무책임하기 짝이 없고 지탄받아 마땅한 심히 개탄스럽고도 몹쓸짓이 아닐 수 없다.

　이순희 시인은 어린 청소년들이 자유가 구속된 최악상황 속에서 강제노동에 혹사당하다가 정말 억울하고 원통하게 희생된 아이들의 영혼을 애도하고 있다. 아울러 시인은 청소년들을 선도한답시고 제정된 악법의 부작용 및 우리 사회의 타락되고 추한 병폐와 모순의 뒤안길을 통탄하고 있다. 이처럼 시인은 인간의 존엄성과 생존권이 함부로 유린한 채 비윤리적으로 강행된 천벌을 받아야 지극히 당연한 악행적인 제도로 말미암아 국가로부터 마땅히 보호받아야 할 나라의 동량인 청소년들이 도리어 인권이 송두리째 박탈되고 무참히 짓밟아댄 고약하고 추악한 위정자들의 과오와 부조리한 현실을 매우 가슴 아파하고 준엄하게 꾸짖고 있는 것이다. 이것은 시인이 자기의 불우한 현실로부터 벗어나 타인의 딱한 입장과 처지에 대한 관심과 애정 표명이라는 점에서 세계에 대한 새로운 시선과 시야가 넓혀진 안목의 개안(開眼)이라고 간주되기에 그 의미와 의의가 자못 크다고 보아진다.

오늘날 우리가 살고 있는 이 시대에는 버림받고 상처받고 밀려나고 소외된 채 외롭고 고달프게 사는 동시대 이웃들이 부지기수일 것이다. 우리 시인은 동시대에 살고 있는 외롭고 고달프고 서럽고 괴로운 이런 불우이웃들에게 앞장서서 애정과 관심의 눈빛으로 따뜻한 위로의 말을 건네고 그분들의 정신적 벗이 되어 주어야 할 소명과 책무가 있는 것이다. 자기 설움을 추스르고 자기 앞가림을 수습하는 데 급급했던 시인은 앞으로 좀 더 동시대 이웃인 대타적인 존재들의 아픔과 외로움과 그리움을 위무해주는 진정 시인다운 시인으로 자리매김되리라 믿어 의심치 않는다.

이와 같이 이순희 시인은 동시대 이웃에 대한 관심과 동정 및 차세대 소년들에 대한 애정을 품고 있다. 시인의 범대타적인 존재를 향한 인간적이고 따뜻한 시선은 이 정도 선에서 멈추지 않고 한 발 더 나아가 우리 사회의 복지와 번영 차원에서 심각한 공해문제를 거론하며 환경문제로까지 시야가 확산되고 있다.

우리 시인한테는 역사의 파수꾼으로서의 사명과 책무가 주어져 있다. 지금 우리 인류는 산업과학기계물질문명이 눈부시게 발달된 후유증으로 각종 공해문제로 인하여 심각한 위기상황에 봉착되었다고 해도 지나친 말이 아니다. 우리는 시인으로서 지구의 온난화현상, 오존층 파괴, 기후의 이변, 공해문제 따위에 대하여 외면할 수 없었을 것이다. 시인의 개안은 문명비판에까지 이르게 된다.

다음 시는 이순희 시인이 '달'이 빨갛게 된 것을 발견하고 미세먼지로 인한 공해문제의 심각성을 부각시키고 있다.

얼어붙은 밤하늘
먹빛 구름 사이로 얼굴 내민 둥근 달

한 치 앞 분간할 수 없는 미세먼지 속 악몽
울그락 불그락 초점 잃은 눈빛

빛 잃은 산자락 동네
뿌연 이불 덮고 밤새 뒤척이고 있다

술에 취한 듯
어둠 헤집고 나온 새벽 비틀거리고

능선에 오른 아침 해
숨찬 가슴 부여잡고 피 토하고 있다

대기오염으로 시름시름 앓고 있는
초록별마저 제 빛 잃어가고 있다

―「빨간달」 全文

　시 「빨간달」은 날로 오염되고 있는 지구의 미래에 대한 암울함과 암담함 및 걱정과 우려를 나타낸 작품이다. 시인은 아침 산책을 나갔다가 미세먼지로 인하여 앞이 잘 보이지 않을 정도로 대기가 심각하게 오염이 있는 상황을 관찰한 것이다. 이런 대기현상을 '술에 취한 듯/어둠 헤집고 나온 새벽 비틀거리고' 있다고 증언하고 있다. 그리고 '능선에 오른 아침 해/숨찬 가슴 부여잡고/피 토하고 있다'고 고발하고 있다. 이어서 '대기오염으로 시름시름 앓고 있는/초록별마저 제 빛 잃어가고 있다'고 아파하고 있다. 이는 대기가 몹시 오염된 실태를 목격하고 심각한 위기에 처한 위험 수위를 예리하게 증언하는 시인의 경고인 것이다.

　오늘날 우리 현대인은 대기가 오염된 상태에서 삶을 영위하고 있다. 지구의 온난화현상을 비롯한 이상기류로 말미암아 날로 삶의 터전인 지구가 심각할 정도로 몸살을 앓고 있는 꼴이다. 이러한 안타까운 현실 앞에서 시인은 침묵으로 일관할 순 없는 노릇이다. 적어도 살아있는 지식인이라면 더구나 역사의 파수꾼인 시인이라면 가만히 방관자처럼 처세할 수는 없는 것이다.

　이 시에서의 '빨간달'이라는 용어는 다소 낯설게 느껴질 수 있다. 물론 모든 색은 양면적인 이중구조의 성격을 띠고 있는 것은 사실이지만, '빨간색'은 보통 '금지, 경고, 위험' 등의 의미와 이미지를 표상한다. 시인은 공해로 말미암아 빨갛게 변해 보이는 달을 목격하고 지구와 지상의 오염된 정도에 대한 경각심을 증언하고자 '빨간달'이라고 명명한 것이다. 즉 시인은 이러한 대기오염의 심각성을 재앙이라고 진단하고 이를 고발 증언한 대유물로 '빨간달'이라고 표현한 것이다.

　이상에서 살펴본 바와 같이 이순희 시인이 대타적인 존재에 대하여 애정과 관심을 기울이고 더 나아가 심각한 사태로 치닫고 있는 공해문제까지 거론하게 되었다는 것은 매우 고무적인 일이 아닐 수 없다. 그것은 그동안 자기 한 사람의 건강과 영혼을 돌보기에 연연하던 시인이 시야를 자기 밖의 세계로 확산시켰다는 점에서 획기적인 일이 아닐 수 없다.

11. 부부사랑

　우리네 인생살이는 인연의 연속이라고 해도 지나친 말이다. 살아가면서 어떤 사람을 만나고 누구와 인연을 맺느냐에 따라 행복의 판도가 얼마든지 달라질 수 있다. 시인은 문단활동을 하는 가운데 어느 시인으로부터 시집을 건네받고 감동한 나머지 인간적인 동병상련의 심정과 처지를 느낀 성싶다.

　　　가난한 시인이 건네준
　　　오래 된 시집 한 권
　　　낡은 표지 속에 숨겨진
　　　고달픈 삶의 여정

자서전 같은 시집 속엔
형형색색 다양한 슬픔의 알갱이들
구슬처럼 방울방울 매달려
옥 같은 시내로 흐릅니다

가슴으로 써 내려간 시린 언어들
묵묵히 걸어온 아픔의 시간
뜨거운 눈물방울 보석마냥 눈부셔
똑바로 쳐다볼 수 없습니다

누구의 슬픔이 더 크고 깊은지
키 재기 하는 밤
심장 터질 것만 같은 그대 슬픔이
더 아프고 진한 내 슬픔을 덮어 줍니다

두 개의 슬픔이 만나 하나가 되고
벅찬 기쁨으로 승화되어
뜨거운 가슴으로 포옹합니다

―「낡은 시집 한 권」 **全文**

　우리는 이 시를 통하여 이순희 시인한테 주어진 그동안의 외로움과 삶의 여정이 얼마나 팍팍하고 견디기 어려운 고행의 길이었는가를 어렴풋이 체감할 수 있다. 시인은 어느 가난한 시인으로부터 낡은 시집 한 권을 받았던 체험을 진솔하게 고백하고 있다. 인간적인 정이 많고 풍성한 감성의 소유자인 시인은 1연에서 '가난한 시인이 건네준/오래 된 시집 한 권'을 보고서 '낡은 표지 속에 숨겨진/고달픈 삶의 여정'을 읽은 것이다. 시인은 동도를 걷고 있는 한 사람인 가난한 시인이 건네준 시집을 정독하고 거기 수록된 시를 통하여 그분이 기구한 운명으로 말미암아 그동안 겪어온 힘겹고 고달픈 삶의 발자취에 대하여 알게 된 것이다. 그리고 2연에서 '자서전 같은 시집 속엔/형형색색 다양한 슬픔의 알갱이들이/구슬처럼 방울방울 매달려/옥 같은 시내로 흐릅니다'고 진한 감동과 공감을 토로하고 있다. 시집의 주인을 향한 시인의 인간적인 연민과 관심은 3연에 좀 더 진솔하게 표백되어 있다. 즉 '가슴으로써 내려간 시린 언어들/묵묵히 걸어온 아픔의 시간/뜨거운 눈물방울 보석마냥 눈부셔/똑바로 쳐다볼 수 없습니다'고 질곡의 삶으로 인한 파란만장했을 인고(忍苦)의 세월을 무던히 참고 견디어온 상대방의 투지와 고난에 대하여 측은지심과 함께 경외감에 가까운 존경심을 느끼게 되었던 것이다. 곧바로 이는 그간에 시인 자신이 겪어온 아픔이고 슬픔으로 치환되지 않았나 싶다. 실로 동병상련의 심정이 아닐 수 없다. 그러기에 시를 쓴 시집 속의 주인공인 시인이 갖은 시련과 눈물겨운 역경과 혹독한 아픔을 감내하면서 고달프게 살아온 발자취가 흡사 시인 자신의 처지를 그대로 대변해주는 성싶은 시들이어서 시적공감대 내지는 시적울림의 물결이 가슴에 팍팍 와 닿았던 것 같다. 그래서 시인은 이런 엄청난 고난과 역경과 시련을 극기해온 상대방 시인의 강인한 의지와 고달픈 여정에 대하여 존경심과 연민의 정을 불러일으켰던 것이다. 이와 같은 시적 감동은 한발 더 나아가 이런 시들을 쓴 시인에 대하여 한층 더 가까이 인간적인 동질감 내지는 친밀감까지 느껴지게 된 것이다. 아무래도 이 시의 압권은 4연인 성싶다. 시인은 4연에서 낡은 시집 한 권에 수록된 시들에 깊은 감명을 받은 나머지 잠들지 못하고 밤에 '누구의 슬픔이 더 크고 깊은지/키 재기 하는' 것이다. 특히 주시해봄직한 것은 '심장 터질 것만 같은 그대의 슬픔이/더 아프고 진한 내 슬픔을 덮어 줍니다'고 진솔하게 표백한 끝부분이다. 사실 사람은 누구나 남의 피 열 방울보다 자기의 피 한 방울이 더 쓰리고 아프기 마련인 법이다. 그런데 '심장 터질 것만 같은' 상대방의 슬픔을 노래한 시가 '더 아프고 진한 내 슬픔을 덮어 줍니다'고 자기의 슬픔을 노래한 시를 압도하고 있다고 실토한 것이다. 이러한 시인의 인간적인 진솔한 고백은 바로 시적공감대 내지는 시적울림을 한결 더 깊고 넓게 확산시켜주기에 충분하다. 이처럼 솔직하고도 순박한 시적 표백은 시로서의 진가를 한결 높이는 가히 절창(絶唱)이 아닌가 싶다. 이어서 시인은 5연에서 끝내 '두 개의 슬픔이 만나 하나가 되고/벅찬 기쁨으로 승화되어/뜨거운 가슴으로 포옹합니다'고 시적 울림에 대한 감동감화를 여과 없이 적나라하게 고백하기에 이른 것이다. 말하자면 시를 통한 상대방과의 정신적인 교감이 이루어진 셈이다.

그리고 이순희 시인은 어느 문학행사에 참가했다가 우연히 초대출연자로서 시에 신들린 사람처럼 관객 사이를 헤젓고 다니면서 육성(肉聲)으로 시낭송을 하는 시인을 만나 인사를 나눈 것이 실마리가 되어 인연의 고리를 맺게 되었다. 아무튼 시인은 황혼기에 이르러 자기와 같이 외롭게 지내온 사람을 만난 것이다. 그 대상이 기구한 운명 탓에 자기와 거의 비슷하게 오랜 세월 동안 혼자 외롭게 돌개바람과 태풍과 해일과 사납고 거센 파도와 살인적 불볕더위와 무서운 홍수와 목이 타는 가뭄과 경제적 궁핍에 시달린 고행을 겪으면서 힘겹게 지내온 이성이고 더욱이 동도를 걷고 있는 시인이기에 동병상련의 심정에서 한결 더 끌리고 우호적인 감정을 느끼게 된 성싶다.

말하자면 문학이 외로움의 깊고 깊은 숲속에서 조난을 당한 채 길을 잃고 정처 없이 유랑하듯 허둥지둥 헤매던 두 영혼을 하나가 되게끔 이어준 꼴이다. 그럼으로써 심적으로 안착·안정시키고 평화와 행복을 누리게 한 결과를 빚은 데 크게 이바지한 것이다. 한마디로 시가 외롭게 지내고 있던 두 사람 사이 사랑의 가교 역할을 톡톡히 한 것이다. 그렇다면 시가 외로움의 수렁 내지의 고독의 늪에 빠져 헤쳐 나오지 못한 불우한 두 영혼을 거기 악의 구렁텅이로부터 구제한 셈인즉, 시의 위력이야말로 참으로 대단하다고 하겠다.

  그리하여 지난날 비교적 오랜 기간 긴 터널을 질병과 싸우면서 외롭고 힘겹게 고투해온 이순희 시인은 새사람과의 만남을 계기로 낙향의 길을 택하게 되었다.

  시인은 귀향한 이후에 둘이 함께 지내는 행복을 여러 편의 시를 통하여 노래하고 있다.

> 봄부터 지금까지
> 마당 잔디와 꽃밭 가꾸는
> 그의 모습은 아름다운 꽃 천사
>
> 한여름 찌는 듯한 무더위에도
> 쉼 없이 계속되는 꽃 향한
> 변함없는 애정과 집념
>
> 날이면 날마다 꽃밭에 물주고
> 적당한 장소에 꽃모종하고
> 가슴으로 시 쓰는 사람
>
> 먼 곳 여행지에서
> 꽃집 발견하면 가던 길 멈추고
> 찾아가는 사람
>
> 여행지 재래시장에서
> 트렁크 가득 꽃모종 싣고
> 그답 집으로 돌아오는 사람

길 지나다가
고운 들꽃 보면
눈빛이 빛나는 사람

꽃사랑 넘쳐나는
그 사람에게서 늘
싱그런 풀꽃 냄새가 난다

—「시인의 뜨락에서」全文

꽃을 좋아하고 사랑하는 시인은 꽃을 좋아하고 가꾸는 배우자를 '꽃천사'라고 경칭(敬稱)하고 있다. 부처의 눈으로 보면 상대방도 부처로 보인다는 말이 있다. 마음이 아름답고 향기로운 사람은 상대방도 아름답고 향기롭게 보이기 마련이다. 그러기에 마음이 선하고 따뜻한 시인은 '쉼 없이 계속되는 꽃 향한/변함없는 애정과 집념'으로 꽃을 가꾸고 사랑하는 배우자에 대하여 '꽃사랑 넘쳐나는/그 사람에게서 늘/싱그런 풀꽃 냄새가 난다'고 예찬하고 있다.

시인의 행복한 면모는 다음 시에 좀 더 구체적으로 토로되어 있다.

골목을 돌고 돌아 드디어
찾아낸 일식집
시인은 즐거운 비명 질렀다

초밥이 먹고 싶다던 나의 작은 소원
들어주기 위한 그의 수고는
언제나 놀라움과 신선한 감동을 준다

요리사 솜씨로 정성껏 만든
초밥을 먹으며 날 향한

시인의 헌신적 사랑 생각했다

새벽이면 꽃밭 거닐며
꽃향기에 취해 사진 찍고
시 짓고 읊조리며
먼동 트는 아침 맞이한다

식탁 앞에서 드리는 기도
함께할 수 있음에 감사하고
해 저무는 백마강 강변 거닐며
저녁놀 황홀경에 빠져든다

황혼부부 인연 소중히 여겨
모든 것 감싸주고 믿고 참아내며
하나님 주신 아름다운 세상서
영원히 변치 않는 사랑으로 살고 싶다
―「시인의 사랑으로」 全文

시인은 초밥을 먹으며 자기를 향하여 바치는 배우자의 자상한 배려와 '헌신적 사랑'에 감동하고 행복감에 젖어 있다. 그리고 시인은 보금자리인 울안에서 '새벽이면 꽃밭 거닐며/꽃향기에 취해 사진 찍고/시 짓고 읊조리며/먼동 트는 아침 맞이'하게 된 기쁨을 노래하고 있다.

또한 '식탁 앞에서 드리는 기도/함께할 수 있음에 감사하고/해 저무는 백마강 강변 거닐며/저녁놀 황홀경에 빠져든다'고 읊고 있다. 혼자 사는 사람은 특히 식사시간에 심한 외로움을 느끼게 될 수 있다. 좋아하고 사랑하는 사람과 함께 있고 함께 보고 함께 듣고 함께 먹고 함께 자고 함께 산책하고 함께 자연을 즐길 수 있음은 단순한 것 같으나 실은 크나큰 최고의 행복이요 신의 무한한 은총이자 축복이 아닐 수 없을 것이다. 혼자 지내본 사람은 함께 있음 과 말을 걸 사람이 곁에 있음, 이것이 얼마나 소중하고 행복한 일 인가를 절실하게 통감할 수 있는 법이다. 시인은 이런 사실을 혼 자 지낸 10여 년간의 고독한 생활을 통하여 눈물겨운 외로움과 처 절한 슬픔을 누구보다 뼈저리게 실감했을 것이다. 그래서 시인은 '황혼부부 인연 소중히 여겨/모든 것 감싸주고 믿고 참아내며/하 나님 주신 아름다운 세상서/영원히 변치 않는 사랑으로 살고 싶 다'고 다짐하고 동시에 소망하고 있다. 이처럼 시인은 부부간의 애틋한 사랑에 행복감을 뿌듯하게 느끼고 있다. 그래서 현재 시인 에게 품고 있는 상대방의 애정과 관심이 식지 않고 지금 누리고 있는 사랑이 영원히 지속되기를 간절히 희구하는 기도를 신께 올 리고 있는 것이다. 이러한 시인의 행복감과 소원은 다음과 같은 시구들에도 진솔하게 표백되어 있다.

① 둘이라서 포근한 겨울
　그대와 나 우리 하나가 되어
　어둠과 추위 속에서도 두렵지 않을
　든든한 사람 있어 나는 좋아라
　　　　　　　－「겨울 백마강」 마지막 연(5연)

② 산처럼 넉넉한 가슴 가진 사람과 두 손 꼭 잡고
　추억의 사진 한 장 찍어 놓았다
　　　　　　　－「마이산馬耳山」 끝부분

③ 어둠 깃든 밭고랑에서
　흐르는 땀방울 씻어내며 바라본
　주홍빛 예쁜 저녁하늘
　황혼부부가 부르는 사랑노래

초저녁 개밥바라기 따라 돌아오면
　　꽃내음 번지는 우리집
　　　　　　　　　－「중정리 산밭에서」中

④ 만나면 서로 다투고 시샘해도
　　못 보면 궁금해 보고 싶은 샛별이와 심바
　　꽃속에 묻혀 애들이랑 더불어
　　꽃처럼 살고 싶은 우리는 시인부부
　　　　　　　　　－「샛별이랑 심바랑」9연

① 「겨울 백마강」은 눈이 오는 날에 백마강 구드래나룻터 부근으로 산책을 나갔던 체험을 쓰고 있다. 눈 온 날의 정경이 눈에 선하게 소묘되어 있다. 어른들 말에 '옆구리 시리다'는 말이 있다. 시인은 그동안 지난날 추운 겨울철에 몸서리쳐지게 외로움을 절감하면서 지내온 성싶다. 이제 시인은 혼자가 아닌 둘이라서 '따뜻한 겨울'이라고 여기고 안도의 숨을 쉬고 있다. 시인은 거침없이 '든든한 사람 있어 나는 좋아라'라고 솔직담백하게 표백하고 있다.

② 시 「마이산(馬耳山)」은 시인부부가 전북 진안군 소재 마이산을 찾은 체험을 토대로 쓴 작품이다. 이 시를 읽은 사람이라면 한번쯤 가보고 싶은 마음이 생기게끔 소개되어 있다고 보아진다. 시인은 '산처럼 넉넉한 가슴 가진 사람과 두 손 꼭 잡고/추억의 사진 한 장 찍어 놓았다'고 진술하고 있다. 여기에는 현재의 사랑이 오래오래 아름다운 추억으로 남기를 기대하고 남편과의 사랑이 영원하기를 소망하는 기도가 담겨 있다.

③ 시 「중정리 산밭에서」는 부부가 소일거리 삼아 틈틈이 재미로 무공해농작물을 땀 흘려 가꾸고 정겹게 귀가하는 모습이

그려져 있다. 밀레(Jean-Francois Mille)의「만종(晩鐘)」이 연상되는 정경이다.

④ 시 「샛별이랑 심바랑」은 샛별이와 심바는 시인이 울안에서 키우는 애완동물인 강아지와 고양이의 이름이다. 이 둘은 영 안 어울릴 것 같은 별종(別種)인데 의외로 서로 어우러져 한 공간에서 공존하고 있다. 물론 처음에는 먼저 태어나고 먼저 살던 고양이가 텃세를 부리고 강아지를 확 휘어잡았다. 그렇지만 진돗개와 발발이가 교미한 강아지라서 덩치가 점차 서서히 커짐에 따라 나중엔 서열이 뒤바뀌었다. 샘이 많은 강아지는 고양이에 대하여 평소에는 주인의 사랑을 독차지하고자 질투를 심하게 부리고 있다. 한편 그러면서도 한 집에서 산다는 것을 알고 신통하게 챙기는 경우를 여실히 엿볼 수 있다. 가령 영역동물인 고양이가 다른 야생길고양이와 다툴 때에는 어김없이 쏜살같이 달려가 상대방 고양이를 공격하고 쫓아내곤 한다. 그러기에 시인은 '만나면 서로 다투고 시샘해도/못 보면 궁금해 보고 싶은 샛별이와 심바'처럼 품종이 판이하게 다른 이질적인 두 동물이 하나로 어우러져 한 울타리에서 별 탈 없이 더불어 살고 있듯이 우리 부부도 '꽃 속에 묻혀 애들이랑 더불어/꽃처럼 살고 싶'다는 간곡한 열망을 밝히고 있다.

12. 앞날 사랑(미래지향적인 앞으로의 삶)

사람은 꿈을 품고 사는 고등동물이다. 꿈은 현재의 시련과 역경을 참고 견딜 수 있는 원동력 내지는 튼실한 버팀목이 될 수 있다. 시인은 어려서부터 오늘에 이르기까지 꿈을 품고 살아가고 있다. 꿈은 자기실현의 확고한 이정표이자 살맛을 느끼게 하는 강장제

이고 비타민이다.

자고로 사람들은 해를 숭배하고 달을 사랑하고 별을 동경하였다. 이순희 시인은 어려서부터 별을 좋아했던 성싶다. 별 중에서도 특히 금성(金星)을 무척 좋아했던 것 같다.

금성(金星)은 태양계의 두 번째 행성으로 지구에서 관측할 수 있는 천체 중에서 태양과 달 다음으로 세 번째로 밝다. 그런즉 금성(金星)은 별 중에서는 가장 밝은 천체다. 금성(金星)의 명칭은 동양철학의 음양오행설에 입각하여 오행 중 하나인 '금(金)'에서 유래하였다. 금성(金星)을 부르는 별명(別名)은 여러 개가 있다. 서양에서는 로마신화의 사랑과 미의 여신의 이름을 따서 '비너스(Venus)'라고 부른다. 그리고 금성(金星)은 그 출현 시간에 따라 다른 이름으로 불렸다. 우리나라에서는 새벽에 동쪽 하늘에 제일 밝게 반짝이는 금성(金星)은 우리말로는 '샛별'이라 부른다. 이때 '새'는 우리 옛말로 '동쪽'이라는 뜻이기 때문이다. 금성(金星)은 달리 '새벽별'이라는 뜻의 '효성(曉星)', '명성(明星)', '신성(晨星)', 혹은 이 별은 해뜨기 전에 먼저 동쪽 하늘에 떠서 새벽을 '밝게 열어준다'고 하여 '계명성(啓明星)'이라고도 불린다. 한편 금성(金星)은 낮 동안에는 잘 보이지 않다가 해가 진 뒤 초저녁에 서쪽 하늘에 제일 밝게 반짝이는 별로 우리말로는 '개밥바라기'라 부른다. 개밥바라기는 '개밥그릇'이라는 뜻이다. 이 말은 밤새 집을 지켜야 할 개에게 저녁밥을 줄 때가 됐다고 가르쳐 주는 별이라는 뜻에서 유래된 말이라고 한다. 또 금성(金星)은 다른 한자말로는 '장경성(長庚星)'이라고도 하는데, 이는 천간(天干) 중의 일곱 번째 글자인 '경(庚)'이 방위로는 '서쪽'을 가리키기 때문이며 거기에 우두머리 장(長)자를 붙여 '장경(長庚)'이라고 한 것이다. 이 밖에 금성(金星)은 유달리 밝고 커서 '태백성(太白星)'으로도 불렸다. 그리고 금성(金星)은 해가 진 뒤 서쪽하늘에 보이는 별이라고 해서 '어둠별'이라는 다른 이름도 있다. 요컨대 금성(金星)은 달 다음으로 밝고 별 중에서는 가장 밝아 해가 뜨기 전인 새벽이나 해가 진 후 초저녁 무렵이나 밤중에 어둠을 밝혀주는 별이다. 따라서 금성(金星)은 어두운 밤에 북극성에 버금갈 정도로 길을 안내하는 역할을 수행하는 주요한 별 중 하나라고 보아진다.

　이순희 시인의 시 「별을 보며」를 접하면 시인은 금성(金星)에 대하여 어려서부터 남다른 애정과 관심을 품고 있었음을 알 수 있다.

　　지상으로 내려온 별들
　　얼어붙은 내 방 유리창에 떠서
　　오돌오돌 떨고 있는 밤

　　창문 여니 찬바람과 함께
　　쏟아져 들어온 별들
　　<u>침대에 눕히고 솜이불 덮어 주니</u>
　　<u>깊은 잠에 빠져 들었다</u>

　　유년의 밤하늘에는 언제나
　　눈물 그렁그렁한 작은 뭇별들
　　초롱초롱 빛나고 있었다

　　긴 꼬리 흔들며 사라지던 별똥별
　　유난히 밝게 빛나던 계명성
　　은빛 물결로 출렁이던 은하의 강

　　턱 괴고 앉아 물끄러미 바라보던
　　찬연한 별들의 축제
　　따스한 천상의 꽃밭이었다

지금도 나를 향하여
빛을 발하고 있을 추억 속 별 하나
그 별 만나러 새벽길 나선다

－「별을 보며」 全文

　이순희 시인의 이 작품 속에는 시인으로서의 갖추어야 할 품격과 고아한 면모가 잘 나타나 있다. 시인은 밤에 '오돌오돌 떨고 있는' 별을 '침대에 눕히고 솜이불 덮어 주니/깊은 잠에 빠져 들었다'고 한다. 이때 '별'은 죽어서 외로운 영혼 또는 살아서 가난하고 병들고 불행한 사람을 상징하고 있는 성싶다. 여기서 우리는 시인의 이런 선하고 섬세하며 자상한 매너 내지는 어떤 측은한 대상을 딱하고 안쓰럽게 여기는 인정미 넘치는 마음씀씀이를 읽을 수 있다.
　시인은 금성(金星)인 샛별에 대하여 어린 시절부터 퍽 애착을 느꼈던 성싶다. 금성은 다른 별들보다 '유난히 밝게 빛나' 시인의 눈에 단연 두드러지게 띄었던 것 같다. 그러기에 세월이 흘러 성인이 되어서도 특히 혼자 지내게 된 중년기 이후에 새벽잠을 잃은 시간에 금성이 눈에 확 뜨이게 보인 것이다. 시인이 금성을 유별나게 좋아하고 매혹되다시피 선호하는 것은 바로 시인 자신도 세상을 밝혀주고 제 갈 길을 잃고 방황하는 동시대 이웃들에게 보탬이 되고 사랑을 베푸는 존재가 되고 싶다는 욕망에서 발로된 것으로 생각된다. 그래서 시인은 그런 역할을 하고 있는 금성과 같은 별을 귀하게 여기고 시인 자신도 그런 존재가 되고 싶은 소망을 드러낸 것으로 보아진다. 따라서 금성은 곧 시인의 정신적 세계 내지는 득도한 정신편력을 대변하는 객관적 상관물인 셈이다. 이에 깨어 있는 시인의 한 사람으로서 '지금도 나를 향하여/빛을 발하고 있을 추억 속 별 하나/그 별 만나러 새벽길 나선다'(「별을 보며」 끝 6연)고 명쾌하게 밝히고 있다.

요컨대 이순희 시인이 이토록 별(샛별)을 유독 선호한 것은 미래 지향적인 희망을 품고 있는 시인으로서, 아이들의 어머니로서 자기의 소명과 책무를 다하겠다는 애틋한 결의인 동시에 시인으로서 동시대 이웃들에게 사랑을 베풀고 싶다는 열망을 표명하고 있는 것으로 여겨진다.

다음 시는 이순희 시인의 최근 내지는 현재의 안정된 정신적 편력과 현주소를 역력하게 대변하고 있다.

>어린 시절 잠에서 깨어 마당에 나서면
>동쪽 하늘에 뜬 큰 별 하나
>내 가슴에 속살거렸다
>총총히 박힌 뭇별 사라지고
>캄캄한 세상 밝히던 그 별 향하여
>내 마음의 소원 빌었다
><u>어두운 골목길 가난한 사람들의 창 비추는</u>
><u>따뜻한 별 되고 싶었다</u>
>강물은 시간의 충격 견디며 흐르고 흘러갔다
>가까이 다가갈수록 아득히 먼 곳에 있고
>작은 가슴에서 무지갯빛 꿈 희미해져 갔다
>산다는 것은
>기쁨과 슬픔 뒤범벅 아우러져 굴러가는 수레
>대지 위에 솟아나는 초록빛 새싹
>소나기 그친 뒤 쏟아지던 눈부신 햇살
>나를 살게 하는 믿음 소망 사랑
><u>이대로 돌아서기엔 너무나 아름다운 세상인 것을</u>
>밤하늘에 홀연히 빛나는 저 샛별처럼
>묵묵히 나의 길을 걸어갈 것이다
>
>―「샛별」 全文 (밑줄-筆者)

우리는 이순희 시인의 시 「샛별」에서 자기 존재에 대한 철저한 인식 및 꿈을 지향하는 확고한 자애정신을 여실히 읽을 수 있다. 위 시에서 볼 수 있는 바, 시인은 샛별을 통하여 빛을 지향하고 있다. 이는 시인 자신의 이정표 설정인 동시에 소명의식을 천명한 것으로 보아진다.

시인은 어렸을 때 '어두운 골목길 가난한 사람들의 창 비추는/따뜻한 별 되고 싶었다'고 표백하고 있다. 이는 시인이 어렸을 때 장차 어른이 되면 불우한 이웃을 사랑하겠다는 마음을 밝힌 것인, 가히 아름다운 심성의 발로가 아닐 수 없다. 그러나 세월의 강물 따라 그 별(꿈)은 시인이 '가까이 다가갈수록 아득히 먼 곳에 있고/작은 가슴에서 무지갯빛 꿈 희미해져 갔다'고 실토하고 있다. 사실 시인이 살아보았더니 삶이란 애초 자기가 뜻한 바대로 흘러가는 것이 아니라는 사실을 깨닫게 된 것이다. 현실은 자기가 꿈꾸는 이상이나 바람대로 다 이루어지는 것이 아니다. 개인의 소망과 의지와는 무관하게 돌아가는 것이 현실의 냉정함이다. 그러기에 시인은 삶에 대한 회의와 인생무상을 느꼈음을 진솔하게 토로하고 있는 것이 아닌가 싶다. 그렇다고 숫제 체념하거나 포기할 순 없는 노릇이었던 것이다. 그것은 성인이 된 시인은 지금 '이대로 돌아서기엔 너무나 아름다운 세상'이라고 여겨졌기 때문이다. 이것은 바로 시인의 존재가치 내지는 존재의미, 즉 살아있고 또한 살아가는 이유이자 당위성이기에 그러하다. 따라서 '소나기 그친 뒤 쏟아지던 눈부신 햇살'을 응시하기도 하며 '밤하늘에 홀연히 빛나는 저 샛별처럼/묵묵히 나의 길을 걸어갈 것이다'는 희망찬 포부와 함께 확고한 소신을 명쾌하게 밝히고 있다. 이는 시인으로서 구도자의 자세로 시창작을 통하여 동시대 이웃들에게 사랑을 베풀고 동시에 그럼으로써 자기 구원을 추구하겠다는 결연한 의지의 표명인 동시에 시인으로서 동시대 이웃사랑에 대한 막중한 소명의식을 천명한 것이라고 간주된다.

　시인은 현실이 암울하고 어둠의 세계가 지배적이었으나 결코 그곳에 안주하지 않고 어떻게든지 벗어나고 극복하려는 의지를 보여주고 있다. 이 점은 그의 시가 한결같이 강건한 의지로써 미래 지향적인 삶을 꿈꾸고 빛을 지향하고 있음이 잘 반증해주고 있다.

　앞에 제시한 시에서 볼 수 있는 바, 시인은 어둠의 세계로부터 빛의 세계, 즉 광명의 세계로의 지향을 꿈꾸고 있다. 시인은 아무리 시대가 암흑의 세계에 갇히고 짙은 안개 속에서 헤매고 있는 절망적이고 절박한 비극상황에 처해 있을망정 이를 쉽게 체념하거나 포기해서는 안 된다. 시인마저 나약하게 쓰러져서는 절대로 안 된다. 왜냐하면 시인한테는 정신적 지도자로서의 책무와 소명이 있기 때문이다. 다시 말해서 우리 시인한테는 시대의 암울한 어둠을 뛰어넘고 반드시 다시 다가올 새벽과 아침을 예고하고 예언함으로써 동시대인들에게 희망을 안겨주고 파수꾼 내지는 선구자로서의 위상과 역할을 충실히 이행하여야 할 책무와 소명이 있기 때문이다. 시인의 위대함과 지고함은 곧 목자나 동방박사나 선지자나 예언자와 마찬가지로 시대의 정신적 지도자로서 절망 속에서 희망과 꿈을 끝까지 저버리지 않고 동시대인들에게 희망을 안겨주고 용기를 북돋아주어야 할 사명과 소임에 있는 것이다. 시인은 동시대 이웃들이 밤길에 답답하고 암담한 상황 속에서 헤맬 때 샛별처럼 길라잡이가 되고 새벽을 알려주는 나팔수가 되어야 비로소 존재가치가 있는 것이다. 따라서 시인은 가장 늦게 잠자리에 들고 가장 먼저 일찍 깨어 있어야 하는 파수꾼으로서의 사명과 당위성이 여기에 있다.

　판도라의 상자에서 맨 마지막 바닥에 있는 것은 '희망'이라고 하였다. 그리고 「안네의 일기」에서 주인공이 그 열악한 상황에서 버틸 수 있었던 것은 곧 '희망'이었다. 따라서 우리 시인은 설사 오늘의 현실이 더러는 암울할지라도 희망을 품고서 인내로써 꿋꿋하게 앞장서서 걸어 나가야 할 것이다.

  지난 밤 내린 서리에
  아프단 말 한 마디 못하고
  와르르 일그러진 파초의 꿈
  지그시 견뎌야 하는 인고의 시간
  겨우내 언 땅 속에서 죽은 듯 살아
  강인한 생명의 꽃으로 피어날
  찬란한 봄 손꼽아 기다리고 있다
          -「파초의 꿈」 뒷부분

 시인은 위 시「파초의 꿈」에서 '지난 밤 내린 서리에' '와르르 일그러진 파초'가 '겨우내 언 땅 속에서' '지그시 견뎌야 하는 인고의 시간'을 보내고 '강인한 생명'력으로 다시 살아나 '찬란한 봄 손꼽아 기다리고 있다'고 확고한 희망을 표하고 있다.
 그렇다. 진정 소망하는 것을 향하여 간절히 열망하고 노력하면 꿈은 이루어진다. 우리 인간은 꿈을 먹고 사는 존재다. 어떤 목표를 설정해 그것을 향하여 삶에 애착을 가지고 적극적이고 진취적인 자세로 꿋꿋하게 매진해 나가는 데 뜻이 있고 가치가 있는 것이다. 따라서 처음부터 끝까지 흐트러짐 없이 대쪽같이 올곧고 카랑카랑 일관되게 처신하며 바람직하고 미래지향적으로 순하고 성실하게 살아가는 것이 매우 중요하다.
 이런 맥락에서 이순희 시인은 자기가 살고 있는 마을을 꽃동네로 만들고자 해마다 길가에 꽃씨를 뿌리고 있다.

  집으로 돌아와 꽃동네 만들고파
  대문 앞 길섶에 뿌렸더니
  여름내 무성하게 자라

길목 코스모스 꽃길 되었다
　　　　　　　　　　　　　－「코스모스 꽃길」2연

　시인은 주거지 주변을 꽃동네로 만들고 싶어 마을 길가에 코스모스 꽃씨를 뿌려 꽃길을 만들었다. 여기에는 아름다운 동네에서 이웃들과 더불어 정겹게 살아가고픈 순정이 담겨 있다. 시인의 맑고 고운 영혼에서 우러난 아름답고 향기로운 세상을 꿈꾸고 동경하는 것은 실로 고아한 미덕이라고 간주된다. 이처럼 시인의 바람직하고 이상적인 사회건설을 위하여 보다 살기 좋은 지상, 보다 살맛나는 고장, 보다 살고 싶은 마을로 가꾸고 싶은 갈망에서 비록 소박하고 작은 일이나마 몸소 실천궁행하고 있는 밝고 순한 발길에 갈채를 건네고 싶다.

13. 종합적 조명

　이순희 시인의 시를 통시적이고 공시적인 면에서 종합적으로 조명해본 바 다음과 같다.

　(1) 이순희 시인은 전통적이고 토속적인 것을 좋아한 애향심이 진한 사람이다. 이 점은 시인이 쓴 시어들이 이를 여실히 말해주고 있다. 시인의 시에 즐겨 쓴 시어들을 살펴보면 현대문명사회와는 거리가 멀어진 감이 없지 않은 전원적인 정경, 재래적인 생활용품, 전통적이고 토속적인 분위기를 불러일으키는 시어들이 많다. 예컨대 가마솥, 개밥바라기, 고향, 고향집, 광목, 굴뚝, 나무청, 냇둑, 논두렁, 농사철, 담장, 대소쿠리, 대숲, 돌다리, 두레박, 둑방, 뒤꼍, 뒤란, 뒷동산, 등잔불, 뜨락, 마당, 마당귀, 마루, 맷돌, 목화밭, 문풍지, 밥상, 방망이질, 밭고랑, 부뚜막, 사립문, 쇠톱, 솥뚜껑, 수레, 숨박꼭질, 시골집, 시내, 신작로, 썰매, 아궁이, 아랫목, 앞치

마, 어깨동무, 연장, 왕겨, 우물, 우물가, 울타리, 은비녀, 자전거, 장국, 장독대, 저고리, 절구, 짚더미, 책가방, 초가집, 콩밭, 텃밭, 토광, 토방, 함지박, 허청, 호미, 효자문, 화덕, 흙벽 등을 들 수 있다. 이런 것들은 오늘날 현대생활과는 퍽 동떨어지고 멀어진 성싶은 옛물건이나 생활용품 또는 사라지고 잊혀져가는 풍습이나 생활방식과 밀접한 말들이다. 정겹게 느껴지고 향수를 불러일으키는 이러한 낱말들은 전통적이고 고유한 우리 것을 사랑하는 시인의 애향심의 발로가 아닌가 싶다. 또한 이것들은 사라져가고 잊혀져가고 이미 죽은 듯싶은 우리말에 다시 새생명을 불어넣으려는 시인의 우리말 사랑과도 무관하지 않은 것 같다.

(2) 이순희 시인은 애완동물과 꽃을 좋아하였다. 시인의 애완동물은 애견(愛犬)과 애묘(愛猫)다. 그런데 시인의 시에는 동물보다 식물이 훨씬 더 많이 나온다. 식물이 동물보다 종류나 빈도수 면에서 공히 승하다. 잠시 시인의 시에 동원된 동물성 생명체와 식물성 생명체에 대하여 살펴보자.

먼저 동물성 생명체로는 개구리, 개, 게, 고라니, 고양이, 귀뚜라미, 길고양이, 까마귀, 까막까치, 두루미, 모기, 물것, 물오리, 미꾸라지, 백로, 벌, 붕어, 빙어, 뻐꾸기, 산비둘기, 소쩍새, 송사리, 족제비, 참새, 앵무새, 여우, 오리, 잠자리, 조개, 참새, 파랑새, 풀벌레, 하이에나, 학, 호랑나비, 흰나비 등 30여 가지가 나오고 있다.

한편 식물성 생명체로는 갈참나무, 감, 감나무, 갓꽃, 개나리, 개미취, 결명자, 고구마, 고추, 구절초, 금낭화, 금계국, 나팔꽃, 능소화, 능수버들, 다래, 돼지감자, 등나무, 대추나무, 들꽃, 망초대, 목련, 무, 민들레, 밤, 밤나무, 배꽃, 배추, 백일홍, 백합꽃, 버드나무, 벚꽃, 봄맞이꽃, 봉숭아, 봉숭아꽃, 분꽃, 사랑초, 산딸나무, 산벚꽃, 살구꽃, 상추, 소나무, 수국, 수련, 쑥갓, 아욱, 알밤, 애기똥풀,

애호박, 양귀비꽃, 억새풀, 연, 영산홍, 은행, 은행나무, 이팝나무, 제비꽃, 조팝꽃, 진달래, 진달래꽃, 찔레꽃, 채송화, 초롱꽃, 칡넝쿨, 코스모스, 콩, 파초, 포도송이, 풀꽃, 할미꽃, 함박꽃, 해바라기, 해바라기꽃, 향나무, 향유꽃, 호박, 호박꽃, 호박넝쿨, 홍매화, 홍시 등 70여 가지가 나오고 있다. 그러니까 시인의 속내는 동물성 생명체보다는 화초류 식물성 생명체를 더 선호하고 있는지도 모른다. 그리고 시인의 집 정원에는 대략 150여 가지의 다양하고 다채로운 식물들이 거의 사계절 내내 꽃으로 미소를 짓고 있어서 시인을 날마다 즐겁게 하고 있다. 또 시인의 시에 나오는 70여 가지 식물성 생명체 가운데 나팔꽃, 백일홍, 봉숭아꽃, 분꽃, 채송화, 할미꽃 따위를 비롯한 40여 가지의 꽃들은 화려한 서양꽃이 아니라 주로 예로부터 우리네 선인들이 울안에 가꿔왔던 수수하고 소박한 밀려나고 소박맞은 토종재래식물 내지는 흔하지 않은 야생화가 대다수를 차지하고 있다. 이들 다수의 식물들 중에서 하나의 식물을 가장 다양한 각도로 언급한 것은 '호박'이다. 시인은 애호박, 호박, 호박꽃, 호박나물, 호박넝쿨, 호박부침, 호박잎, 호박 장국 등 갖가지 시어를 쓰고 있다. 조상들로부터 사랑을 듬뿍 받아온 호박은 꽃, 씨, 잎, 열매 등 버릴 것이 하나 없다. 호박은 관상용(꽃) 뿐만 아니라 애호박이든 늙은 호박이든 가릴 것 없이 식용으로도 아주 요긴하다. 즉 호박은 간식(씨), 반찬(쌈, 나물, 전, 국, 죽 등), 그리고 산모들의 산후 부기를 빼고 피를 맑게 함 따위를 위시해서 여러모로 쓸모가 요긴하고 효능도 다채롭다.

(3) 이순희 시인의 시에는 지명 및 장소를 뜻하는 말이 많이 나온다. 가령 가탑리, 고란사, 광나루, 구드래나루터, 구문역, 궁남지, 금성산, 꽃동네, 낙화암, 너럭바위, 단원구, 대부도, 마이산, 마이산휴게소, 백마강, 백제대교, 백화정, 부소산, 부여군, 북한산,

비단강, 비수구미마을, 사비문, 삼정헌, 삼층석탑, 석성리, 석성면, 선감도, 선감동, 성봉, 성산 일출봉, 성치산, 세도면, 수종사, 십이폭포, 쌍계사, 아차산, 양평, 양평 두물머리, 오산리기도원, 운길산, 율동공원, 인천시, 전북, 정한모생가, 제주도, 중정리, 진도고개, 진안고원, 청포리, 충남, 탑골, 탑동, 토성길, 토정마을, 평천마을, 포룡정, 피아노폭포, 한강, 현내리, 화개장터, 화도인터체인지, 황산대교 등이 나온다. 이 밖에도 영업집이나 장소 또는 공간적 이동을 뜻하는 시어들이 많이 나온다, 가령 강, 강마을, 겨울바다, 꽃집, 동네, 동네 어귀, 동산, 들판, 마을, 밭길, 밤바다, 백사장, 산, 산골마을, 산골집, 산마을, 산밭, 산책, 서산마루, 언덕, 여정, 여행, 여행지, 오솔길, 일식집, 재래시장, 칼국수집, 텃밭, 하산길 등이 동원되었다. 이처럼 다양하고 다채로운 지명과 공간이동을 의미하는 시어들은 다음과 같은 사실을 말하고 있지 않나 싶다. 첫째 시인은 전국 여기저기 들린 곳이 많았다는 것을 가늠하게 하고 있다. 둘째 시인의 잦은 이동은 그만큼 여행을 즐겨왔다는 사실을 간접적으로 입증하는 한편 시인의 삶이 차분히 안정되지 못하고 비교적 굴곡이 많았으리라는 추측도 가능하게 하고 있다. 셋째 시인은 주로 직접 찾아가 본 체험을 토대로 시를 써왔다는 사실을 간접적으로 말해주고 있는 하나의 단서가 될 수도 있다.

(4) 이순희 시인은 투철한 개신교신자다. 그런데 시인의 시에 사용된 종교용어로는 기독교용어와 불교용어가 두루 섭렵되어 있다. 먼저 불교적인 용어로는 가부좌, 고란사, 독경소리, 묵언수행, 사찰, 산사, 속세, 수종사, 스님, 암굴, 약사여래상, 오욕칠정, 절간, 해탈문 등을 발견할 수 있다. 반면에 기독교적인 용어로는 가시면류관, 그리스도, 경배, 교회당, 기도, 기도원, 만나, 믿음, 사랑, 성당, 성령, 성모상, 소망, 십자가, 어린 양, 여호와, 영혼, 예수님, 은

총, 응답, 인도, 천사, 천상, 축복, 평화, 하나님 등을 발견할 수 있다. 두 종교의 용어를 사용한 정도 면에 있어서 용어수나 빈도수를 보면 불교용어보다 기독교용어를 훨씬 더 많이 사용하였다.

시인이 기도교인이라는 사실은 이미 앞에서 살펴본 시「가을 숲에서」라든가 시「오산리기도원」을 읽어보면 확실히 알 수 있다. 이런 시 말고도 다음 시구들을 보면 분명하다.

　　하얀 구름 위에서
　　밝게 웃고 계신 하나님
　　온 세상 축복하고 계시다
　　　　　　　　　　　－「비 내린 이튿날 아침」끝연(7연)

　　봄의 한가운데 내가 살고 있음
　　놀라운 신의 은총 아닌가
　　　　　　　　　　　　　　　　－「4월」6연

　　살아가는 동안 당신 말씀 듣게 하시고
　　받은 은혜에 감사하며
　　겸허한 자세로 무릎 꿇게 하소서
　　　　　　　　　　　－「가을의 기도」끝연(6연)

시인이 두 종교의 용어를 함께 사용한 것은 두 종교를 다 신앙으로 믿어서가 아니다. 시인은 신앙심이 견고한 기독교인임에 틀림없다. 그런데도 시인이 불교용어를 비교적 즐겨 사용하게 된 것은 시인이 산책 삼아 조용한 산사 따위를 곧잘 찾았던 성싶은 데에서 자연스럽게 시어로 쓴 데서 비롯된 것으로 보아진다.

(5) 이순희 시인의 시에는 밝음의 이미지보다는 어둠의 이미지가 더 승하다. 시인이 즐겨 쓴 시어를 보면 '밝음'을 표상하는 시어

보다는 '어둠'을 표상하는 시어가 현저하게 지배적이다. 먼저 '밝음'을 표상하는 시어는 미소, 새벽, 아침, 웃음 등이 고작이다. 반면에 '어둠'을 표상하는 시어로는 눈물, 눈물꽃, 새 울음소리, 설움, 슬픔, 울었다, 절규, 통곡 등 헤아릴 수 없을 정도로 무수하다. 이 밖에 '어둠'을 의미하는 간접적인 표상어로 겨울밤, 고요, 그늘, 깊은 밤, 먹구름, 몸부림, 밤, 밤바다, 신음소리, 자정, 적막, 적요, 정적, 조용, 침묵 등 퍽 다양하고 다채롭다.

　이순희 시인의 시에서 어둠의 이미지를 표상하는 시어가 더 많은 것은 시인의 외롭고 서글프고 질병을 앓고 있는 서럽고 고달픈 삶과 무관하지 않은 성싶다.

　(6) 이순희 시인의 시에 나타난 시어는 '웃음'을 나타내는 표현보다는 '울음'을 나타내는 표현이 훨씬 더 많다.

　먼저 시인의 시에서 '웃음'을 뜻하는 표현들로는 다음과 같은 시구를 들 수 있다.

* 엄마의 환한 미소　　　　　　　　　　 －「고향」中
* 빙그레 웃고 있는 달님　　　　　　　　 －「콩밭 매기」中
* 흐뭇한 미소 짓던 소녀 때 추억　　 －「고향집 은행나무」中
* 50여 년 지난 오늘도 고향집 마당에서/하얀 미소로 웃고
　계신 어머니　　　　　　　　　　　 －「어머니 기억」中
* 향긋한 미소 마주하며　　　　　　 －「커피 향 같은 친구」中
* 울음 뚝 이내 해맑은 웃음소리　　 －「은총의 선물」3연 中
* 웃음꽃 활짝 피어나던 시절이었다
　　　　　　　　　　　　　 －「은총의 선물」끝연(6연) 中
* 눈부신 햇살만큼이나/밝고 화사한 미소로 오신 님
　　　　　　　　　　　　　　　　　 －「궁남지 봄날」中
* 청초한 미소로 반기는 백일홍　　　　　　 －「8월」中

* 개미취 소녀의 연보랏빛 상큼한 미소   －「8월」 中
   * 시인의 입가에 흐뭇한 미소 흐른다
                              －「백마강 억새밭에서」 中

 그리고 시인의 시에서 '울음'을 뜻하는 표현들로는 다음과 같은 시구(詩句)를 들 수 있다.

   * 휘파람새가 울었다   －「휘파람새의 절규絶叫」 4연 中
   * 처절한 절규처럼 들렸다 －「휘파람새의 절규絶叫」 6연 中
   * 냇둑에 주저앉아 펑펑 울었다   －「고무신 한 짝」 中
   * 가까운 야산엔 소쩍새 구슬피 울고   －「콩밭 매기」 中
   * 언제부터인가 신음소리 내며 울고 있었다
                              －「고향집 은행나무」 中
   * 눈물 왈칵 쏟아졌다   －「아버지의 강」 中
   * 진혼곡鎭魂曲 부르며 흐느끼고 있다
                              －「부소산 가을밤」 끝行
   * 참았던 속울음 꺼내놓고 목 놓아 통곡하는 새벽/뿌연 안개
     속에서/서서히 밝아오는 눈물 어린 여명
                              －「여명黎明의 기도」 中
   * 창문에 얼굴 내밀고/허공 향해 울부짖었다
                              －「호두를 보내며」 6연 中
   * 깜깜한 밤 식탁 밑에서/애절하게 우는 고양이 심바
                              －「길냥이 심바」 앞부분
   * 어둠이 내리면 밤마다/검푸른 밤하늘 향해 울부짖고 있다
                              －「밤마다 우는 개」 끝부분

 이순희 시인의 시에 '울음'을 뜻하는 표현들이 더 다양하고 다채로우며 빈도수도 더 많다는 것은 그만큼 시인의 삶이 슬프고 어두웠다는 것을 간접적으로 말해주고 있다고 보아진다. 한편 '웃음'은

그런 슬프고 어두운 가운데서도 희망과 용기를 잃지 않는 맑고 순수한 영혼과 아름다움을 사랑할 줄 아는 여유가 시인의 가슴에 아직 남아 있음을 말해주고 있는 것이 아닌가 싶다.

(7) 이순희 시인의 시에는 상승이미지보다는 하강이미지가 현저하게 승하다.

 * 식어가는 찻잔에 저미는 슬픔/뚝뚝 떨어졌다
           -「강변 카페에서」5연 中
 * 우듬지 사이로 떨어지는/청량한 빗방울 소리
          -「휘파람새의 절규絶叫」3연 中
 * 하염없이 궂은비 내렸다   -「구문역에서」1연 中
 * 와르르 기대가 무너지는 소리 -「주홍글씨」1연 中
 * 비가 쏟아진다   -「가을비 내리는 밤」中
 * 잠든 영혼들 자리에서 일어나/조용히 마을로 내려오고 있었다   -「콩밭 매기」中
 * 살짝 무너져 내린 고향집 흙벽 나무청 -「빈집」中
 * 서늘한 바람에 은행잎 떨어지고 -「어머니 기억」中
 * 문풍지 흔들며 절규하는 하늘 숨죽여 울던 긴 긴 밤/밤새도록 비가 내렸다 오빠는 말이 없고   -「비가悲歌」中
 * 시들어가는 담장 위 능소화/소리 없이 떨어져 배회하고 있다
              -「8월」中
 * 남루한 사내의 어깨 위에/눈물처럼 비가 내리고 있다
           -「회색빛 아침 풍경」中
 * 소년들의 슬픔 눈물인 양/하염없이 비가 내렸다
            -「선감도仙甘島」中
 * 은행잎 지는 거리에/속절없이 찬비 내렸다
           -「여우를 묻고」5연 中

이순희 시인의 시에는 상승이미지보다는 하강이미지가 훨씬 더 많다는 것 또한 시인의 외롭고 슬픈 삶과 밀접하지 않나 싶다.

(8) 이순희 시인의 시에는 비교적 다양한 색이 나타나 있다. 시인은 색상면에서 초록색을 무척 선호하고 있음을 볼 수 있다. 이 중에서 두드러지게 많이 나타난 색을 보면 초록색(초록, 연두, 녹색) 계열로 초록, 초록빛, 연초록, 연두빛 등이다. 시인이 즐겨 쓴 초록색 계통의 이미지를 표상하는 시어로는 초록 물결, 초록별, 초록빛 색깔, 초록옷, 초록 이파리, 연두빛, 연두색, 연초록 새싹 등을 들 수 있다. 그 다음 빈도수로 눈에 다수 뜨이는 색은 흰색 계열로 흰, 하얀 등이다. 시인이 즐겨 쓴 흰색 계통의 이미지를 표상하는 시어로는 하얀 강아지, 하얀 싹, 하얀 집, 하얀 연기, 하얀 꽃 물결, 하얀 찔레꽃, 하얗게, 흰구름, 흰꽃, 은빛 등을 들 수 있다. 이처럼 시인은 흰색도 퍽 선호한 것은 사실이다. 그렇지만 초록색에는 미치지 못하는 것 같다.

시인의 시에 즐겨 쓴 초록색 계통의 초록, 연초록, 연둣빛 등의 예문은 다음과 같다.

* 연초록 순한 바람 불었다　　　　ー「강변 카페에서」中
* 세상은 온통 초록으로 넘실거렸다　　ー「주홍글씨」中
* 봄이 오면 초록빛 새잎 돋아나고 ー「고향집 은행나무」中
* 연두색 싱싱한 옷 입은 나무들과　　ー「아버지의 강」中
* 잔잔한 강물에 초록빛 파문 일고　　ー「아버지의 강」中
* 초록으로 물든 산하　　　　　　ー「산골의 봄」中
* 초록빛 이파리 날 오라 손짓한다　ー「봄의 왈츠」1연 中
* 연둣빛 치마에 분홍빛 볼로 찾아온 소녀는
　　　　　　　　　　　　　ー「봄처녀」1연 中

* 연초록 잎새 흔들어 맞이하고 　　　-「궁남지 봄날」中
* 바람결에 살랑대는 초록 이파리 　　-「유월 향기」中
* 아롱아롱 맺힌 초록별 　　-「비 내린 이튿날 아침」中
* 초록빛 아침 햇살 　　-「아침 산책」1연 中
* 초록별마저 제 빛 잃어가고 있다 　　-「빨간달」中
* 봄이면 연초록 새싹 움트고 　　-「행복 찍기」中

　　그리고 시인의 시에 쓴 흰색 계열로 흰, 하얀 등의 예문은 다음과 같다.

* 배꽃 하얀 속살거림에 　　　　-「고향」中
* 하얀 드레스에 꽃신 신고/꽃구름 타고 오신 선화공주님
　　　　　　　　　　　　-「궁남지 봄날」中
* 하얀 꽃물결 　　-「추억은 강물 따라 흐르고」中
* 강 건너 작은 마을 그림 같은 하얀 집 　-「비가悲歌」中
* 언덕에 핀 하얀 찔레꽃 　　-「산골의 봄」中
* 하얀 연기 피어오르고 　　-「오월의 아침」中
* 하얀 나비 　　-「유월 향기」중
* 하늘에 뜬 흰구름 　　-「백마강에서」中
* 잿빛 하늘에 하얀 낮달 　　-「겨울 백마강」1연 中
* 하얀 나비로 환생한 궁녀의 넋 　-「부소산 가을밤」中
* 하얀 종이 　　-「귀뚜라미」中
* 하얀 솜이불 　　-「눈 오는 저녁」中
* 창밖에 펼쳐진 하얀 세상 　　-「첫눈」中
* 흰 물살 일으키며/철철 흐르는 시냇물
　　　　　　　　　-「비 내린 이튿날 아침」中
* 하얀 강아지 한 마리 　　-「호두를 보내며」中

　　김진한의『색채의 원리』(서울: 시공사, 2002) 색채 이미지(160쪽)

을 펼쳐보자. 이 책에 실린 내용에 의하면 색의 연상 감정 및 상징에 있어서 '연두'는 풀, 편안, 휴식, 위안, 친애, 신선, 새장, 초여름, 야외, 자연, 어린이 등을 뜻한다. 그리고 치료효과 면에 있어서 '연두'는 위안, 피로회복, 강장 방부, 골절 등이다. '녹색'은 안식, 위안, 평정, 착실, 공평, 이상, 온정, 유연, 희망, 생명, 신선함, 젊음, 편안함, 정숙, 안정, 균형, 휴식, 엽록소, 평화, 안전, 천기, 여름, 소박, 중성, 영원 등을 뜻한다. 그리고 치료효과 면에 있어서 '녹색'은 안전색, 중성색, 해독, 피로를 씻어주는 색 등이다. 한편 '흰색'은 눈, 환희, 명쾌, 신성, 청초, 청정, 신앙, 빛, 희망, 순수, 숭고함, 순결, 청결, 상쾌, 생명, 청결, 소박, 정직, 흰 옷, 흰 종이, 흰 모래 등을 뜻한다. 그리고 치료효과 면에 있어서 '흰색'은 머리를 깨끗이 하는 집의 벽, 고독감을 일으킴 등이다.

  어느새 어둠 가시고
  둥실 아침 해 떠올랐다
  온통 주홍빛으로 물든 새벽
  텃밭으로 나가니
  아침 이슬에 맑은 햇살
  <u>세상은 초록으로 넘실거렸다</u>
                 -「주홍글씨」 끝부분

  <u>창밖에 펼쳐진 하얀 세상</u>
  터져 나오는 외마디
  "와, 눈이다!"
  "여보, 눈이 왔어요."
                 -「첫눈」 4연

 위에 예시한 두 시구(詩句)에서 볼 수 있는 바, 시 「주홍글씨」의 밑줄친 '초록'은 '어둠 가시고' '아침 이슬에 맑은 햇살' 아래 '세상은 초록으로 넘실거렸다'고 한다. 즉 지상이 '초록'으로 새생명의 활기가 넘치게 되어 평온하고 평화로운 세상이 펼쳐졌음을 예찬하고 있다. 그리고 시「첫눈」의 밑줄친 '하얀'은 눈이 와서 설국(雪國)이 된 아름답고 잡것이 일체 없는 곱고도 아름다우며 평화로운 별천지가 되었음을 기뻐하고 있다. 정리컨대 김진한의『색채의 원리』이미지 내용에 따른 초록색 계열의 '연두'와 '녹색', 그리고 '흰색'은 색의 연상 감정 및 상징을 고려하면 '초록색'이나 '흰색'이나 공통적으로 시인이 바라고 동경하는 곱고 맑으며 아름다운 세상을 뜻하는 이미지가 아닌가 싶다. 즉 시인은 '초록색'을 통해서 편안, 안식, 휴식, 위안, 평정, 피로회복, 이상, 온정, 유연, 희망, 생명, 신선함, 젊음, 편안함, 안정, 평화, 영원 등을 희구한 것 같다. 그리고 시인은 '흰색'을 통해서 환희, 명쾌, 신성, 청초, 청정, 신앙, 빛, 희망, 순수, 숭고함, 순결, 청결, 상쾌, 생명, 청결, 소박 등을 갈망한 것 같다. 그리고 보면 이순희 시인의 '초록색' 선호 취향은 건강과 평온을 갈구하는 한편, '흰색' 선호 취향은 맑고 깨끗하며 곱고 선하게 살고 싶은 열망하고 있다고 보아진다.

(9) 이순희 시인의 시에는 날씨(기후) 및 기류에 관한 시어가 다양하고 다채롭게 나오고 있다. 눈, 된서리, 바람, 비, 서리, 이슬, 저녁바람, 청솔바람, 폭설, 풍파, 함박눈, 햇살 등 고루 나오고 있다. 이 중에서 '비'가 가장 많이 사용되고 있다. 참고적으로 시인이 쓴 '비'와 직간접 관련된 시어로는 다음과 같은 낱말들이 있다. 대표어 '비' 말고도 가을비, 궂은비, 단비, 물폭탄, 밤비, 봄비, 비 오는 날, 비 오는 풍경, 빗물, 빗방울, 빗방울 소리, 빗소리, 소낙비, 우산, 장맛비, 찬비, 폭우 등 퍽 다양하고 빈도수도 역시 높다. 이것들은 시인의 외롭고 우울하고 어두운 삶의 여정과 밀접한 관련을 맺고 있는 것 같다.

대체로 '눈'(雪)은 다분히 만남, 둘, 행복, 결혼, 희극, 낭만, 희망, 미래, 아침, 시발역, 출발, 흰색, 세움, 기쁨, 환희, 상쾌함, 밝음, 맑음, 탄생, 개장 등 미래지향적이고 진취적이며 긍정적인 이미지를 표상한다. 반면에 '비'(雨)는 다분히 이별, 하나(혼자), 비운, 이혼, 비극, 퇴폐, 절망, 과거, 저녁, 종착역, 종착, 검정, 폐허, 슬픔, 우수, 우울함, 어둠, 탁함, 죽음, 파장 등 과거지향적이고 퇴영적이며 부정적인 이미지를 표상한다. 무엇보다 '비'는 원초적이고 원색적이며 우수적이고 회고적이다.

이순희 시인한테 '비'는 다음과 같이 다양하고 다채로운 감흥과 정서를 불러일으킨 것 같다.

* 비 온 뒤 유년의 추억/무지개로 뜨는 탑골 가는 길   -「고향」
* 이렇게 비 오는 밤이면/여린 내 가슴에 뜨거운 눈물의 강 흐른다   -「비가悲歌」끝연(5연)
* 가만히 눈 감고 듣는 하늘의 소리   -「가을비」
* 비 오는 날/빗속에서 눈물로 시 쓰게 하고
    -「시詩, 너와 친해지고 싶다」3연 中
* 밤사이 내린 비로/흥건히 젖은 공원 나무들/어둠 씻어내고 있었다   -「여명黎明의 기도」2연

시인한테 '비'는 고향을, 유년기의 향수를 떠올리게 하는 매개체인 성싶다. 특히 '밤비'는 과거의 슬픈 일을 상기시켜 우울하게 만들곤 하였던 같다. 또 다른 한편 시인은 비 오는 날을 '하늘의 소리'를 듣는 자아성찰의 기회로 삼고 있다. 즉 하나님과의 만남의 시간인 것이다. 사람의 말과 신의 말은 다르다. 신은 자연을 통해서 사람들에게 당신의 뜻을 전하는 성싶다. 시인은 '비'를 단순히 기류현상으로만 보지 않고 빗소리를 '하늘의 소리' 가운데 하나로 여기고 있다. 그래서 시인은 자연의 현상인 비의 의미가 무엇인가

시인의 눈으로 응시하며 귀 기울이는 것이다. 또한 비는 시인에게 눈물로 시를 쓰게 하는 기분과 분위기를 조성하기도 한다. 이때 '눈물'은 '슬픔'일 수도 있고 '순수(순정)'일 수도 있으며 '진실'일 수도 있다. 이 밖에 시인의 시에서 시어 '비'는 '어둠'(슬픔, 고난, 시련, 역경 등)을 해소하는 기능을 상징하고 있다. 이처럼 시인의 시에서 시어 '비'는 그 의미가 매우 다양하게 사용되고 있음을 엿볼 수 있다.

(10) 이순희 시인은 '빈'이라는 시어를 즐겨 썼다. 텅빈, 빈집, 빈 가슴, 빈 가지, 빈 길섶 등이 그것이다.

* 빈 길섶 흐드러지게 핀 애기똥풀
　　　　　　　　　　　　－「비 내린 이튿날 아침」 6연 中
* 빈집 마당에 무성히 자란 잡초　　　　－「폐옥廢屋」 中
* 찬바람에 빈 가지 흔들리고 있다　　　－「밤을 주우며」 中
* 텅빈 마당에 그려놓은/한 폭의 수묵화　　　－「첫눈」 1연
* 빈 가슴에 불꽃으로 타올라/새아침 찬란한 빛으로 떠오른다
　　　　　　　　　　　　－「시낭송가의 꿈」 4연 中
* 텅 빈 연밭 차지한/물오리 하얀 새들 날갯짓하며
　　　　　　　　　　　　－「궁남지 봄날」 中

시어 '빈'은 비었다, 없다, 공허하다는 것을 뜻한다. 경제적으로는 가난, 궁핍을 뜻한다. 이는 시인이 스스로 현실로부터 밀려났다고 의식하는 데서 야기된 공허하고 쓸쓸하며 외로운 심정을 의미하는 것 같다. 가득 채워져 있으면 들어갈 틈이 없다. 새로운 것으로 채우기 위해서는 비어 있어야 비로소 가능한 것이다. 우리는 부질없는 욕심과 집착을 버려야만 평화와 행복으로 채워질 수 있는 것이다.

(11) 이순희 시인의 시에는 다양하고 다채로운 의성어와 의태어가 많이 나오고 있다.

＊가만가만 -「길냥이 심바」 / ＊갈기갈기 -「파초의 꿈」 / ＊나풀나풀 -「오월의 숲」 / ＊그렁그렁 -「여우를 묻고」,「별을 보며」 / ＊뉘엿뉘엿 -「백마강 억새밭에서」 / ＊멀뚱멀뚱 -「길냥이 심바」 / ＊무럭무럭 -「은총의 선물」 / ＊뭉글뭉글 -「유월 향기」 / ＊방긋방긋 -「금낭화」 / ＊방울방울 -「낡은 시집 한 권」 / ＊사부작사부작 -「콩밭매기」 / ＊사뿐사뿐 -「눈 오는 저녁」 / ＊솔솔 -「시할머니」 / ＊시름시름 -「빨간달」 / ＊싱글벙글 -「코스모스 꽃길」 / ＊쑥쑥 -「고구마를 먹으며」 / ＊쓰담쓰담 -「분꽃」 / ＊아롱아롱 -「호두를 보내며」,「비 내린 이튿날 아침」 / ＊아슬아슬 -「폐옥廢屋」 / ＊알록달록 -「시할머니」,「궁남지 봄날」 / ＊오돌오돌 -「별을 보며」 / ＊오물조물 -「오월의 숲」 / ＊옹기종기 -「오월의 아침」 / ＊우르르 쾅쾅 -「휘파람새의 절규絶叫」 / ＊울그락 불그락 -「빨간달」 / ＊자박바박 -「감나무」 / ＊조심조심 -「성봉 가는 길」,「눈 오는 저녁」 / ＊쪽쪽 -「분꽃」 / ＊찰랑찰랑 -「오월의 숲」,「추억은 강물 따라 흐르고」,「눈 오는 날」 / ＊철철 -「비 내린 이튿날 아침」 / ＊초롱초롱 -「성산 일출봉」,「저녁 강물처럼」,「빛과 어둠 사이」,「여우를 묻고」,「길냥이 심바」,「금낭화」 / ＊추적추적 -「구문역에서」,「커피 향 같은 친구」 / ＊콕콕 -「가을 서정抒情」 / ＊톡톡 -「수종사水鐘寺」,「샛별이랑 심바랑」,「감나무」 / ＊툭툭 -「강변 카페에서」 / ＊파릇파릇 -「파초의 꿈」 / ＊호호 -「눈 오는 날」 / ＊활활 -「성봉 가는 길」,「백마강 억새밭에서」 / ＊훨훨 -「시할머니」 / ＊형형색색 -「낡은 시집 한 권」 등을 들 수 있다.

이렇게 첩어(반복복합어)가 무려 30여 가지나 될 정도로 다양하고 다채로운 편이다. 물론 이런 의성어와 의태어는 시의 음악성과 회화성을 살리는 데 도움이 될 수 있다. 그런데 빈번하게 쓰면 자칫 시가 가벼워 보일 수 있고 혹 시작 태도가 안이하다는 오해를 불러일으킬 요소도 배제할 수 없다. 따라서 시적 음악성과 회화성을 살림에 있어서 이 같은 의성어나 의태어는 신중을 기하는 가운데 가능하면 꼭 필요하고 적절할 성싶은 경우에 한해서만 쓰는 것이 어떨까 싶다.

14. 나오면서

석향(夕馨) 이순희(李順姬) 씨는 시인이고 시낭송가다. 독실한 그리스찬인 시인은 원래 타고난 천성이 곱고 영혼이 옹달샘같이 맑아서 남을 미워할 줄 모른다. 다분히 외유내강형의 시인은 타인에 대하여 섣불리 흉보거나 욕할 줄을 모르며 부정적으로 생각하지 않는 것 같다. 한 마디로 이순희 시인의 심성은 선녀(仙女)의 마음씨에 버금가는 성싶다.

석향(夕馨) 이순희(李順姬) 시인의 시는 외로움과 그리움으로 점철되어 있다. 시인의 시는 소박하고 진솔하다. 시인의 시는 꾸밈이 없다. 그저 일상적 언어로 수수한 표현방식을 취하면서 사유한 것들을 가슴으로 쓴 시다. 바로 이 점이 시인의 작품들이 지닌 매력이자 부담 없이 다가갈 수 있는 장점이 아닌가 싶다. 그래서 시인의 시는 비유컨대 부유층이 드나드는 값비싼 고급레스토랑이나 웃기로 멋 부린 한정식식당 고가의 음식이 아니라 우리네 서민들이 즐겨 찾는 비교적 소박하고 수수한 일반음식점의 폭신 곰삭아 토속적 맛나고 감치는 청국장이나 칼칼하고 개운한 김치찌개를 연상시키는 작품들이 아닌가 싶다. 그래서 이순희 시인의 시는 팔팔 끓였다가 식힌 식혜의 맛처럼 읽고 받아들이고 소화시키는 데 거의 거부감이 없고 은근히 깊은 맛이 구수름하게 우러나는 숭늉처럼 그냥 담백하고 독특한 고유의 맛깔스러움이 풍긴다.
　이순희 시인의 이 시집 속에는 외로움과 아픔에 시달리게 되자 삶의 의욕마저 상실한 채 인생의 덧없음과 앞날에 대한 두려움에 몸부림치던 시인이 하나님과 대자연에 귀의(歸依)한 데 이어 시낭송(詩朗誦)과 시창작(詩創作)을 통한 문학과의 만남으로써 비로소 평화와 안정을 회복하고 삶의 의미를 되찾은 여정(旅程)이 비교적 낮은 목소리로 차분하게 표백되어 있다.
　이순희 시인은 종교와 자연과 시낭송과 시창작을 통해 자신의 피할 수 없는 운명적인 슬픔과 질병을 자애와 의지로 용하게 견디어내고 있으며 나름대로 황혼기 행복을 누리고 있는 서정시인이다. 그렇다면 이순희 시인의 경우는 시낭송과 시창작, 즉 문학과의 만남을 통하여 적어도 외롭고 고달픈 이승에서의 삶으로부터 구제를 받은 셈이다. 그리고 시인은 하나님과의 만남을 통하여 투철하고도 신실한 그리스찬인고로 이미 사후세계에까지 시인의 영혼을 구원받은 셈이다.
　지금 이순희 시인은 인연이 닿아 과학기계문명이 고도로 발달되고 경제만능의 풍요로운 수도권 도시생활을 청산하고 고향인 충남 부여로 낙향해서 전원생활을 즐기고 있다. 시인의 최근년 일과는 시「행복 찍기」를 읽어보면 하루 일상의 흐름을 소상하게 속속들이 짐작할 수 있다. 시인은 귀향한 이후, 백제고도 사비성 <龍山-夕麿 詩人의 집>에 안착해 울안의 다양하고 다채로운 꽃과 나무들을 어루만지고 텃밭에서 농작물(채소)을 가꾸며 시골생활을 영위하면서 강아지(샛별이)와 고양이(심바)를 예뻐하며 지내고 있다. 또한 하루에 한 차례 주로 연꽃의 낙원 사적 제135호 궁남지 연지, 백마강 구드래 강변, 백마강 억새밭, 부소산, 금성산, 주거지 주변 들녘 등을 거의 날마다 아침햇살 혹은 저녁노을 아래 산책함으로써 건강관리에 힘쓰고 있다. 한편 시 쓰기에 곁들여 멋스럽고 아름다운 풍광과 예쁘고 향기로운 모습을 일삼아 담는 사진찍기, 시낭송 등 취미활동을 만끽하고 있다. 특히 시인은 대자연의 멋과 맛깔스런 음식 맛과 토속적인 닷새장과 각종 향토축제와 주로 이름 없는 성지 등 볼거리와 명승고적을 찾아 수시로 전국 여기저기 부부나들이를 즐기는 가운데 나름대로 황혼기를 뜻있고 알차게 수놓아가고 있다.

그리고 이순희 시인은 고향으로 내려온 이후 군단위 향토문단인 한국문인협회 부여지부 겸 사비문학회와 부여시낭송회를 비롯하여 부여시낭송가협회, 부여시인협회, 부여문인총연합회 등에 참여하고 있다. 그래서 부여시낭송제, 사비문학제, 일모문학제, 부여서동연꽃축제, 부여예총축제, 백제문화제 등 문학 관련 행사에 출연하거나 작품을 제출하고 있다.

또 이순희 시인은 도단위 문학단체인 충남문인협회와 충남시인협회, 국제펜한국본부 충남지역위원회, 충청남도시낭송가협회 등에 회원으로 동참해 역시 문학 관련 행사에 출연하거나 각 기관지에 작품을 발표하고 있다.

이 밖에 이순희 시인은 전국단위 문학단체인 한국문인협회, 한국경기시인협회, 한국전통시낭송가협회, 정한모시인기념사업회 등에 회원으로 동참하고 있다.

이렇게 이순희 시인은 여러 문학동아리에 동참해 각종 지면에 작품을 발표하는 한편 시낭송가로서 부여군과 충청남도와 대전광역시를 위시한 전국 여기저기 손짓하는 문학행사마다 우호적이고 열성적으로 출연하고 있다.

이순희 시인이 앞으로도 지속적인 자연친화를 꾀하는 가운데 건강을 추스르고 시낭송을 통하여 슬픔을 여과시키는 동시에 시 창작을 통하여 지난날 외롭고 힘겹고 막막하고 터벅터벅 걸어왔던 삶을 말끔히 닦아낸 후, 시인의 소중한 여생이 외로움을 떨치고 평온을 얻으며 행복감으로 해맑고 예쁘게 수놓아졌으면 좋겠다.

우리는 지금의 평화와 행복을 향유하기 위해서는 선행조건이 '비우기'다. 그런즉 예전에 누렸던 특권이나 행복했던 추억이 있었다면 그것까지도 내려놓아야 비로소 마음의 평화와 행복을 얻을 수 있는 것이다. 그런데 살아 있는 사람이 완전히 비우고 내려놓기란 결코 쉬운 일이 아니다. 채우고 소유하고픈 본능은 이승을 떠나는 순간에나 가능한 일이기도 하다. 어쨌든 시인한테 다시 채우고 싶은 소유욕이 솟구치려고 소용돌이치면 그때마다 스스로 다독거려 차분히 가라앉혀야 한다. 그래야만 현재의 새삶을 일궈나가고 새행복을 계속 누릴 수 있게 될 것이다. 살다가 혹 세속적 욕망이 소용돌이치거나 출렁거리면 우리 시대 종교계 정신적 지도자로서 '무소유(無所有)'를 강조하고 수행자의 진면목을 몸소 실천궁행하다가 떠나간 살아 있던 산부처이자 참승려 법정(法頂) 큰스님이나 예술계 정신적 지도자로 평생을 '독신(獨身)·방랑(放浪)·참선(參禪)·초탈(超脫)·애인(愛人)·애연(愛煙)' 등으로 거의 초지일관하다가 돌아간 흡사 성자(聖者)다운 공초(空超) 오상순(吳相淳) 큰시인님을 떠올려봄도 마음닦기에 퍽 도움이 될 성싶다.

이런 견지에서 이순희 시인은 시를 통하여 참 아름다운 세상을 찬미함으로써 신께 영광을 돌리고 동시대 불우한 이웃들, 특히 마음이 가난하거나 물질적으로 궁핍하거나 육체가 병든 이웃들에게 꽃씨 같은 희망과 청솔바람 같은 위안을 안겨주고 사랑을 베푸는 좋은 시인이 되기를 기대해본다.

무엇보다 그동안 신실한 신앙심을 견지하는 가운데 견고한 자애정신과 꿋꿋한 의지로써 크고 작은 시련과 역경과 난관을 슬기롭게 극복해온 이순희 시인은 앞으로도 지금처럼 항상 성실한 건강관리 및 부지런히 체력단련에 힘씀으로써 한 번뿐이 아닌 삶을 먼훗날 신께서 부르시는 그날까지 하루라도 더 오래 오래 강건하게 살면서 보다 삶의 기쁨과 보람을 향유하게 되기를 소망한다.

어쩌면 우리네 인간사는 예정조화설(豫定調和說)을 주창한 독일의 철학자 라이프니츠(Leibniz Gottfried wilhelm)의 말대로 신(神)의 의지에 의해 각본대로 돌아가는 것인지도 모른다. 만일 그렇다면 인생사는 우리가 걱정한다고 해결되는 것이 아니다. 이미 정해진 숙명을 거부하고 이런 불가항력(不可抗力)에 저항하면 할수록 고통만 가중될 따름이다. 신의 영역인 숙명을 한낱 연약한 피조물인 인간이 어떻게 무슨 재주로 궤도를 수정한단 말인가? 절대불가능하다. 따라서 신(神)의 뜻인 숙명(宿命)은 순응의 자세로 다소곳이 받아들이되, 인간의 영역인 운명(運命)만은 올곧고 바람직한 방향으로 최후 순간까지 최선을 다해 성심성의껏 개척하고 당면과제로 닥친 고난과 위기를 강인한 인내와 의지로써 나름대로 극복해 나가는 것이 슬기로운 최선책이자 지혜로운 대응자세가 아닐까 싶기도 하다.

지나간 일과 놓친 것은 다 아쉽고 돋보이고 그리운 법이다. 추억은 강물 따라 저멀리 흘러갔다. 추억은 추억일 뿐이다. 예전의 추억은 설령 아무리 좋았고 화려했을망정 이미 덧없이 흘러가고 흩어져버린 한 조각의 뜬구름에 지나지 않는 과거일 따름이다. 현재의 평화와 행복을 누리기 위해서는 옛것을 지우고 잊고 묻고 부질없는 미련과 욕망 따위를 비울 줄 알아야 한다. 따라서 우리네 인생살이에 있어서 중년기 이후에는 세상사 욕망과 욕심을 하나씩 내려놓고 그저 주어진 오늘의 현주소와 처지를 '이것도 다행이고 신의 은총이자 축복이다'는 안분지족(安分知足)의 자세로 겸허하고 검소하게 살아가야 마땅할 것이다. 작은 것에도 크게 감사하면서 하루하루 현실에 충실해나가는 것이 삶의 지혜이자 행복을 가꾸어나가는 비결이 아닌가 싶다. 우리는 인류의 대성인 예수께서 '범사(凡事)에 감사하라'는 귀한 가르침을 되새김질하며 이것이 오늘의 행복을 지탱해나가는 오솔길임을 늘 가슴에 새겨둘 필요가 있다.

아무쪼록 연약한 여인으로서 그동안 감당하기 벅찬 외로움과 아픔과 시련과 고난과 역경을 슬기롭고 장하게 잘 참고 견디고 버텨온 부여의 탑동선녀(塔洞仙女)이자 사포(Sappho) 환생인 백제의 후예 석향(夕馨) 이순희(李順姬) 시인에게 이참의 첫시집이 위안거리가 되고 작은 보상이 되기를 바랄 뿐이다. 그리고 시인의 소박하고 순수한 마음결로 진솔하게 빚어진 이 시집이 앞으로 남은 생애를 영위해 나가는 데 있어서 설사 어떠한 고난과 역경과 시련에 처해지게 될지라도 매사 의연하게 대처하고 샛별 같은 희망과 참조약돌 같은 의지로 극기해낼 수 있는 원동력과 자양분이 되었으면 좋겠다. 또한 이 시집이 시인으로 하여금 항상 바르고 선하며 위풍당당하고 카랑카랑하게 곱고 맑은 삶으로 아름답게 채색해 나갈 수 있는 내비게이션과 같은 길라잡이로써 하나의 든든한 정신적 버팀목 내지는 튼실한 무지갯빛 징검다리가 되었으면 좋겠다.

일찍이 인류의 스승 대철인 소크라테스(Socrates)는 말년에 자기의 인생을 뒤돌아보면서 '내 인생에서 잘되겠지 생각하는 순간보다 행복한 순간은 없었노라'고 회고한 바 있다. 그리고 『성경』에서 '믿는 자여, 그대에게 복이 있나니.'라고 하였다. 그런즉 신실한 기독교인 이순희 시인은 시인이 가는 발길마다 주께서 항상 함께 해주시고 또한 은총과 축복으로 지켜주시리라 굳게 믿고 그저 오늘의 일만 생각하며 꿋꿋하게 승리하는 삶으로 나날을 기쁨과 보람으로 알알이 수놓아나가기를 뜨거운 갈채로써 염원한다. 아직 오지 않은 불행까지 미리 걱정하는 것은 공연히 사서 몸과 마음만 축내는 과실만 초래하기 십상인 어리석기 짝이 없는 일일 뿐이다. 따라서 시인은 하나님을 섬기는 독실한 기독교인답게 모든 것을 신께 맡기고 앞으로도 매사 뜻하는 일들이 '잘 될 거라'는 긍정적인 생각으로 희망을 품고 범사(凡事)에 감사하며 하루하루 착실하게 건강을 챙겨가면서 '신(神)은 살려고 하는 자(者)를 결코 외면(外面)하지 않는다'는 굳건한 믿음과 강인한 투지로 주어진 운명을 개척해 나가야 온당할 것이다. 『성경』에서 '눈물을 흘리며 씨를 뿌리는 자는 기쁨으로 거두리로다'(시편 126:5)고 역설하였음도 상기해봄직하다.

저녁해(夕陽)가 지고 멀리 떠나가 깜깜하고 짙게 어둠이 깔리면 달과 개밥바라기별도 '허허!' '호호' 웃음과 빙그레 미소 머금은 영롱한 눈망울로 품는 한편, 여명에 가물가물 멀어져가는 달과 샛별도 '아리랑 쓰리랑!' 비워가고 작별의 손짓으로 떠나보내고 저 멀리서 어슴푸레한 빛으로 희미하게나마 시나브로 다가오는 아침해(朝陽)를 슬기로운 눈빛으로 맞이하여 소중한 하루하루를 땀방울로 새길을 꿋꿋하게 닦고 카랑카랑 펼치면서 '얼쑤 좋다! 지화자 좋다!' 스스로 응원해 나가볼 일이다.

이제 석향(夕響) 이순희(李順姬) 시인은 나름대로 자기만의 시작법을 터득한 성싶다. 여기에 천성적으로 착하고 순한 심성과 해맑고 어여쁜 감성과 자연의 오묘하고 신비한 아름다움과 기독교인의 영원한 진리요 생명의 말씀인 『성경(聖經)』이 고소롬하고 고운 콩고물 팥고물처럼 고루 맛깔스럽게 버무려진다면 좋은 시(詩)를 남길 수 있으리라 믿어 의심치 않는다. 물론 필자는 시인이 앞으로보다 좋은 시를 써서 유명한 시인으로 널리 알려지고 문학사에 훌륭한 문인으로 자리매김이 된다면 누구 못지않게 기뻐할 한 사람임에 틀림없다. 그렇지만 그보다 더 간절히 열망하는 것은 영혼이 해맑고 부드럽고 여리며 남달리 정(情)이 많은 시인에게 지금 만큼만의 건강이 줄곧 지속적으로 허락되는 가운데 앞으로 남은 세월이 순탄해서 별로 탈 없이 흘러가게 되기를 빌어본다. 이순희 시인은 날마다 아침과 저녁으로 하나님을 향하여 기도하고 수시로

찬송을 부르며 주일에는 교회에 나가 예배를 드리며 착실한 신앙생활을 하고 있다. 시인이 마음의 상처를 받지 않고 육체적으로나 정신적으로나 좀 더 더디게 사목사목 느긋하게 저물어 하나님의 은총과 축복으로 오래오래 강녕하고 사랑과 여유와 평화와 행복을 향유하게 되기를 두 손 모아 기도한다.

찬송을 부르며 주일에는 교회에 나가 예배를 드리며 착실한 신앙생활을 하고 있다. 시인이 마음의 상처를 받지 않고 육체적으로나 정신적으로나 좀 더 더디게 사목사목 느긋하게 저물어 하나님의 은총과 축복으로 오래오래 강녕하고 사랑과 여유와 평화와 행복을 향유하게 되기를 두 손 모아 기도한다.

추억은 강물 따라 흐르고

이순희 시집

초판 인쇄 2023년 12월 20일
초판 발행 2023년 12월 25일

지은이 이순희
펴낸이 강신용
펴낸곳 문경출판사
주 소 34623 대전광역시 동구 태전로 70-9 (삼성동)
전 화 (042) 221-9668~9, 254-9668
팩 스 (042) 256-6096
E-mail   mun9668@hanmail.net
등록번호 제 사 113

ⓒ 이순희, 2023

ISBN 978-89-7846-844-2 03810

값 20,000원

* 무단 복제 복사를 금함
* 잘못된 책은 교환해드립니다.